Heikki Nousiainen

Zen ja matkustamisen taito

Kustantaja: BoD - Books on Demand,
Helsinki, Suomi
Valmistaja: BoD - Books on Demand,
Norderstedt, Saksa
ISBN: 978-952-339-376-9

Liikkeestä ja liikkumisesta

Liike ja liikkuminen eri tavoin ovat olleet aina tärkeä osa elämääni. Matkustaminen on liikettä ja etsimistä, kuten kirjoittaminenkin. Tämänkin kirjan kirjoittamisen aikana olen löytänyt asioita joita en edes ymmärtänyt etsiä. Matkustaminen voi olla oman itsen etsimistä. Taiji (myös tai chi) on matka itseen jos sen sellaiseksi mieltää. Taijin opettaminen ja opiskelu ovat vieneet minua ympäri maailmaa vaikka ilman sitäkin olisin matkustellut, siitä olen varma. Taijin taustafilosofia on taolaisuus ja tao tarkoittaa tietä. Taijia verrataan usein Kiinan pisimpään jokeen, samoin kirjoittamista voisi verrata joen polveilevaan kulkuun. Kirjan kirjoittamisen aikana minulle on selvinnyt kuinka yhteen kietoutuneita ja tärkeitä minulle ovat intohimoni ja työni, matkustaminen, kirjoittaminen ja taiji. Niiden merkitys ja painotus on vaihdellut, aivan kuten hyvässä ihmissuhteessa roolijakoa pitäisi pystyä vaihtamaan ja sallimaan muutos, olemaan sekä heikkoja ja vahvoja vuoron perään.

Kirjan kirjoittaminen on ollut yhtäältä helppoa, toisaalta vaikeaa. Vaikeinta on ollut rajata esimerkiksi kirjallisuuden määrää ja laatua. Lohduttaudun sillä, että kirjoitan myöhemmin aivan oman kirjan Taolaisuuden klassikosta Tao Te Chingistä (Daodejing), Odysseuksesta, Ulysseuksesta ja Kalevalasta, niin kuin monesta muustakin mielenkiintoisesta kirjasta. Sitaattihautausmaa on osuva ilmaus kirjoista, usein väitöskirjoista, missä ei ole luotettu omaan ajatteluun, omaperäisyyteen ja luovuuteen. Minulla on luontainen taipumus käyttää sitaatteja ja täten suojautua auktoriteettien selän taakse. Onkin ollut houkuttelevaa turvautua kirjallisuuden suuriin teoksiin, kaanoneihin. Olen yrittänyt välttää tätä ja luottaa omiin kokemuksiini ja kuultuihin tarinoihin. Matkoilla koettu tilapäinen epävarmuus, erillisyys haavoittuvaisuus, turvaverkoston puuttuminen juuri tekee matkustamisesta tärkeää. Kuullut tarinatkaan eivät ole merkityksettömiä. Etelä-Afrikassa kulttistatusta nauttinut muusikko, Sixto Rodriquez, jonka luultiin olleen kuolleen jo vuosikymmeniä olikin elossa. Asia paljastui dokumenttifilmaajalle, Malik Bendjelloulle vain tarinan muodossa. Hänestä se oli fantastisin tarina mitä hän oli koskaan kuullut ja hän päätti ottaa asiasta selvää. Tarina oli tosi ja hän teki dokumenttifilmin aiheesta nimellä Sugar man, mikä nauttii nyt maailman maineesta ainutlaatuisena dokumenttina.

Tarinankin takana voi olla mielenkiintoinen tarina. Malik Bendjellou oli lähtenyt kameran kanssa maailmalle löytääkseen jutunaiheen mistä hän voisi tehdä mielenkiintoisen filmin, hän oli matkannut jo vuoden ympäri maailmaa kun hän sattumalta kuuli tarinan muusikosta, loppuhan onkin jo historiaa.

Tähän nimenomaiseen tarinaan liittyy vieläkin enemmän sattumia ja yhteyksiä. Malik oli lapsinäyttelijä siihen aikaan kun vielä kävin elokuvissa lasteni kanssa. Nykyään käyn elokuvissa lasteni lasten kanssa. Astrid Lindgrenin laittoi aikanaan riman korkealle ruotsalaisille lastenelokuville ja mielestäni ruotsalaiset lastenelokuvat ovat usein parempia kuin vastaavat aikuisille suunnatut elokuvat, joka tapauksessa olen katsonut niitä innolla. Disneyn filmeissä olen kuorsannut jos se on ollut meteliltä mahdollista. Moni hieno muisti liittyy filmeihin jossa Malik näytteli. Jouduin kerran kysymään tyttäreltäni kuka oli Malikin näyttelemän pojan isä elokuvassa. Elokuvan aikuiset olivat eronneet ja menneet uudestaan naimisiin ja kuvio oli minulle mysteeri. Tyttärelleni asia oli päivänselvä; "mutta iskä, etkö ymmärrä, Malikin äiti oli mennyt uudestaan naimisiin...".

Tarinaan liittyy vielä lisää henkilökohtaisia kiinnikkeitä, matkustaminen on niissäkin mukana. Halusin matkustaa Ruotsiin tekemään haastattelua elokuvan tiimoilta. Malik matkusteli ympäri maailmaa antamassa haastatteluita ja vastaanottamassa palkintoja dokumentistaan. Hän lupasi haastattelun muutaman taivuttelusoiton jälkeen mutta käski ottaa yhteyttä hänen lehdistösihteeriinsä jotta saisin varattua ajan. En saanut koskaan luvattua haastattelua koska ohjaaja Malik Bendjellou teki itsemurhan, oletettavasti pitkään jatkuneen depression takia. Järkytyin uutisesta ja kuvasta jonka näin iltapäivälehdissä. Minulla oli vain muistikuva älykkään, vakavan ja kiltin näköisestä pikkupojasta, nyt näin aikuisen miehen joka ei ollutkaan jaksanut elää vaikka oli saavuttanut menestyksen josta suurin osa voi vain unelmoida.

Hänen elokuvansa jatkavat kuitenkin hänen päättynyttä matkaansa. Yksi konkreettinen todiste tästä on kun, uutisten mukaan, joku suomalainen päätti ottaa selville kuka mystinen Heikki on, jolle on omistettu kappale yhdellä Sugar mannin levyllä. Suomalainen mies oli saanut selville että Heikki oli ollut todellinen henkilö, Baltian maista lähtöisin ja aktiivinen ammattiyhdistys ihminen. Minäkin olin kiinnostunut ottamaan asiasta selvää mutta olin lamaantunut kuolemantapauksesta ja aivan liian saamaton ja hidas näkemään mitä mahdollisuuksia ympärilläni oli. Uskon etten ole ainoa joka ei näe kaikkea mielenkiintoista ympärillään vaan luulee että niitä täytyy lähteä etsimään merten taa.

Kaikki liittyy kaikkeen ja selittääkseni yllä olevan pitäisi selittää tai selvittää todella monia asioita, tähän asioiden selvittämiseen palaankin pian, dokumenttielokuva on kuitenkin realiteetti joka pysyy.

Idea kirjoittaa matkustamisesta alkoi muodostua, kun kävin keskusteluja saksalaisen kalin (filippiililäinen taistelutaito) opettajan kanssa. Hän kertoi vihaavansa matkustamista mutta rakastavansa tapaamisia ja oleskeluaan ulkomailla. En raskinut kertoa silloin hänelle, kuinka vapauttavia minulle olivat olleet lennot Eurooppaan tiukan työrupeaman jälkeen. Tuolloin minun oli pakko olla palkkatyössä pystyäkseni kirjoittamaan, opettamaan ja matkustamaan. Tein siis työtä rahoittaakseni oman työni. Koin myös kotimatkat Aasiasta, maissa joissa kuolemanrangaistus oli voimassa ja oikeuskäytäntö puutteellinen, rentouttaviksi. Pitkien, kuumien ja raskaiden treenipäivien ja kuumuudesta johtuvan unettomuuden jälkeen oli upeaa saada rentoutua ja syödä, juoda ja levätä ilmastoidussa tilassa, lentokoneessa.

Mietin saksalaisen opettajan ja itseni suhtautumista esimerkiksi väkivaltaan ja köyhyyteen. Minusta on ollut vaikea kohdata molempia asioita matkustaessa ja hyvät neuvot tyyliin "kaikkia ei voi auttaa", eivät ole olleet avuksi. Ilmeisesti joitakin nämä asiat eivät vaivaa yhtä paljon. Saksalaista opettajaa köyhyys ja väkivaltaisuus Filippiineillä ei tuntunut huolettavan. Sitä vastoin hän kadehti lasten elämäniloa köyhyyden keskellä ja ihmetteli sitä että ei tuntenut itseään onnelliseksi vaikka hänellä oli rahaa ostaa suurin BMW, suurin mahdollinen TV jne. Hän oli mielestäni tehnyt tärkeän huomion ja mietin kuinka koemme ja näemme samat asiat eri tavoin, jännittävää.

Eri kulttuurien näkemyserot ja tapa ratkaista näkemänsä ongelmat ovat myös mielenkiintoisia ja näihin törmää matkustaessa. Jos kauppatieteiden opiskelu lisäsi varovaisuuttani ja haluani tukeutua auktoriteetteihin kirjoittaessani niin sosiologian opiskelu tuki mielenkiintoani erilaisiin yhteiskuntiin ja kulttuureihin sekä tapoihin elää. Olen syyttänyt yliopisto-opiskelua siitä että se vähentää todellista yrittäjyyttä liiallisella analysoinnilla ja ongelmien ja esteiden tunnistamisella. Hulluus on hyväksi yrittäjälle. Molempia kumminkin tarvitaan, hulluutta yrittää ja teoreettista tietoa. Minulla oli Kung Fu opettaja Malesiassa missä talous ja valtarakenteet vaikuttivat harjoitteluuni. Emme voineet harjoitella puistoissa koska maassa vallitsi kokoontumiskielto yleisillä paikoilla. Tämä johtui taas puolestaan mellakoista joiden kohteena olivat kiinalaiset kauppojen omistajat. Kiinalaiset olivat pieni vähemmistö maassa mutta hallitsivat talouselämää. Kaikki liittyy siis kaikkeen ja minun näkemykseni mukaan pystyäkseni selvittämään perusteellisesti jonkin ilmiön, vaikkapa matkustamisen tai opettamani lajin taijin, niin minun täytyisi hallita kaikki tieteenalat ja selittää kuinka asiat vaikuttavat toisiinsa. Tavoitteeni ei ole kumminkaan niin korkealla tämän kirjan suhteen, pikemminkin sivuan eri asioita jotka liittyvät matkustamiseen ja esittelen erilaisia tapoja matkustaa, pohdiskelen siis ilmiötä matkustaminen. Osaltaan mielenkiintooni ovat vaikuttaneet henkilökohtaiset syyt. Miksi olen ollut kärsimätön ja pitkästynyt helposti, tähänhän matkustelu helpottaa. Onko se ollut pakenemista jostakin tai johonkin?

Matkusteluun kuuluu luonnollisena osana odottelu ja vaikeudet, tosin niistä saa ne parhaimmat tarinat. Vaikeuksia kohdattuani ajattelenkin usein, että näistä voin kertoa kymmenen vuoden päästä punaviinilasi kädessäni, hyvässä päivällisseurassa. Laiha lohtu kun "tilanne on päällä", mutta se auttaa välttämään asioiden liioittelua.

Joka tapauksessa aloin miettiä mikä meitä matkustamisessa kiehtoo? Vieraiden paikkojen näkeminen, elämykset, kohtaamiset ulkomailla, itse liike, ihminenhän on luotu liikkumaan, muutos, kotiinpaluu, kertominen, sosiaalinen arvostus, pako jostakin, pako johonkin? Listaa voisi jatkaa mutta ajatteluprosessia ei voi lopettaa ja se jatkuu jossain aivojeni sopukassa lopun elämääni. Lopullista vastausta en ole saanut mutta uudet kysymykset tulevat vain mielenkiintoisemmiksi mitä kauemmin asiaa pohtii. Tätä kirjaa voisi hyvällä syyllä pitää väliraporttina jota muutaman vuoden kuluttua säälien tarkastelen.

Työskennellessäni antroposofisessa hoitokodissa autististen ihmisten kanssa, työtoverini jakoi kiinnostukseni matkustamiseen. Hän oli erikoistunut Kreikan saaristossa matkustamiseen ja hänellä oli tapana kertoilla matkoistaan sinne. Kreikka on ollut myös minun suosikkikohteeni jo vuosikymmeniä, ja työkaverini oli vieraillut myös minulle tuntemattomissa paikoissa, joten meillä riitti puhumista. Silloin kun töissä oli rauhallista ja olimme vain stand by - tilassa, aika meni todella nopeasti kuunnellessani hänen tarinoitaan. Sain 2001 hankittua halvan matkan Kreikkaan myöhään syksyllä. Kerroin tästä työkaverilleni ja hän totesi:

"En haluaisi matkustaa sinne tähän aikaan vuodesta". Lähdin rohkeasti matkaan vaikka asiantuntija oli ollut skeptinen matkan ajankohdan suhteen. Juuri siitä matkasta tuli yksi ehdottomasti mielenkiintoisimmista mitä olen tehnyt. Asiantuntijoiden mielipiteitä voi kuunnella mutta kriittisesti. Kerron mielelläni kamppailulajeissa oppilailleni sanontaa hyvän oppilaan määritelmästä; hyvä oppilas kuuntelee tarkoin opettajaansa, erinomainen oppilas kyseenalaistaa kuulemansa. Lisäisin vielä itse oppimani asian, aito zeniläinen oppilas testaa kuulemaansa oppia käytännössä.

Menciuksen mukaan ihmisen perisynti on halu olla toisten opettaja. Tämä kirja ei ole oppikirja vaikka muutaman neuvon tai vinkin sieltä voi ammentaakin. Oma teoriani kirjallisuuden merkityksestä on että se voi parhaimmillaan toimia lohtuna ja inspiraationa. Edesmennyt (1999) kungfu-mestarini L. Leong sanoi aina, että jos onnistuu saamaan yhdenkin seuraajan, joka on parantanut elämänsä laatua aloittamalla harjoittelun täytyy tästä iloita ja olla onnellinen, ei ajatella niitä yhdeksääsataayhdeksääkymmentä yhdeksää tuhannesta jotka eivät kiinnostuneet ja innostuneet asiasta. Toivottavasti onnistun tämän kirjan avulla tuottamaan lohtua ja iloa jollekulle. Mukavia lukuhetkiä.

Matkustaminen välttämättömyydestä

Vanhan latinalaisen sananlaskun mukaan purjehtiminen on välttämätöntä, elämä ei. Tämä lause kuvasteli aikansa kaupankäyntiä ja vientiä, ja sitä kautta rikkauksien luomista. Rikkaudet luotiin purjehtimalla, sillä purjehtiminen mahdollisti suuressa määrin itse kaupankäynnin. Nyt meillä on lukuisia uusia tapoja liikkua ja liikuttaa kauppatavaroita. Lentokoneet, junat, laivat ja kumipyörät ovat jo aikoja sitten korvanneet purjeet. Toistaiseksi latinalaisen "Navigare necesse est, vivere non esset" osaaminen suomeksi kelpaa ainakin jonkinlaisena tapana tehdä vaikutus pöytäseurueeseen esimerkiksi englantilaisessa pubissa. Niissä on usein seinillä purjelaivoja esittäviä tauluja joista tämä teksti saattaa löytyä. Sain näin käyttöä keskenjääneille latinan kielen opiskeluille Plymouthissa, suuressa etelä Englannissa sijaitsevassa satamakaupungissa.

Aloitin lukion kielilinjalla mutta en jaksanut päntätä ulkoa latinaa, kuollutta kieltä, olisin halunnut lukea ranskaa tai espanjaa, mutta muut kielilinjan valinneet tähtäsivät yliopistokoulutukseen kielien parissa ja ymmärsivät latinan merkityksen. Olin siis suuressa lukiossa yksi kahdesta halukkaasta ranskan lukijasta ja näin ollen sitä mahdollisuutta emme saaneet. Valamon luostarissa opettaessani minut ajoi lentokentälle venäläinen pappi joka kertoi oppineensa suomen kieltä täydellisesti siksi että hallitsi latinan niin hyvin. Hän ymmärsi kielen rakenteen ja oletettavasti hänellä oli hyvä muisti tai muistitekniikka. En kuitenkaan usko että olisin panostanut latinan opiskeluun vaikka olisinkin tavannut papin jo kouluaikoina mutta olin kyllä vaikuttunut hänen kielitaidoistaan.

Ennen kuin siirryn kuvaamaan intohimoani matkustamista, haluan tehdä ohjelmanjulistuksen. En usko että matkustaminen on välttämätöntä. Ymmärrän täysin niiden ihmisten suhtautumisen jotka pysyttelevät kotonaan, pitävät matkustamista jopa pakenemisena. Eräs hyvä ystäväni, psykologi ammatiltaan, on sitä mieltä että kaltaiseni ihmiset jotka ovat matkustelleet paljon ja tehneet pitkiäkin matkoja, eivät ole sankareita. Sankareita ovat ne jotka jaksavat olla kotona, mennä samaan työhön joka päivä vuodesta toiseen ja ottaa vastuuta ja hoitaa ihmissuhteitaan. Minulla ei ole mitään tätä käsitystä vastaan, enkä pysty sitä kumoamaan – en edes halua yrittää todistaa sen olevan väärä, eikä se sitä olekaan. Tyydyn kertomaan matkustamisen kiehtovista puolista ja toivon mukaan vähemmän kiehtovista myös. Tämä kirja on omistettu niille joita matkustaminen kiinnostaa ja jotka haluavat pohtia miksi me ylipäätään haluamme matkustaa, sen aiheuttamasta vaivannäöstä huolimatta.

Hieman Zenistä ja Taosta

Kolme kirjaa on merkinnyt minulle paljon eri aikoina elämässäni ja niissä jokaisessa on matkustaminen keskeisessä osassa. Kahdessa niistä myös Zen. Olen harrastanut aasialaisia kamppailulajeja yli kolmekymmentä vuotta. Esimerkiksi erilaisia karatetyylejä on siihen matkaan mahtunut neljä erilaista vaikka olenkin aina ollut erikoistunut kiinalaisiin lajeihin. Viime vuosina ovat myös indonesialaiset ja filippiiniläiset ja Bruneista lähtöisin olevat lajit hallinneet harjoitteluani. Opetan tosin ammattimaisesti lähinnä kiinalaisia lajeja, olen pitänyt muut lajit harrasteena jotka kylläkin auttavat ymmärtämään omia lajejani.

Zen on kiinaksi Chan, yhtäläisyyksiä löytyy maitten filosofiasta ja myös kamppailulajeista. Karate merkitsee alun perin kiinalaista kättä tai käden taitoa, vasta toisen maailmansodan aikoina se valjastettiin Japanin keisarin armeijan käyttöön ja siitä tuli Japanissa tyhjä käsi. Okinawalla asian voi todentaa karate museossa jossa vieläkin puhutaan kuinka asetekniikat ovat kuin sisar ja veli ja että vanhat mestarit kumarsivat Kiinaa kohti. Tyhjästä kädestä ei puhuta missään. Vanhat Okinawalaiset karate mestarit kertoivat mielellään tarinoita, kuinka olivat matkustaneet Kiinassa, heidän tarinoissaan muutama kuukausi muuttui vuosiksi, mikä on jälkeenpäin isolla vaivalla voitu huomata. Osaksi tarinat ovat menneiden myyttisessä hämärässä ja hyvä niin. Mielestäni tietty määrä eksotiikkaa ja esoteerisyyttä on paikallaan vaikka muuten olen ottanut tehtäväkseni raottaa mystisyyden ja salaperäisyyden verhoa ja yrittää poistaa osan siitä aasialaisissa lajeissani. Useimmiten verhon alta paljastuu ihan ymmärrettäviä asioita, loogisia mutta aikaa ja kärsivällisyyttä vaativia, myös fantastisia ja vaikeita sinänsä, ei niitä ole tarpeen enää monimutkaistaa.

Se mikä minua kiehtoo itämaisissa filosofioissa on käytännöllisyys ja fyysisyys. Taijin klassikoissakin sanotaan kiteytettynä kuten Niken mainoksessa, "Just do it". Ensin tehdään, sitten analysoidaan ja teoretisoidaan. Jos asunnonvälittäjän mantra on hinnanmuodostukselle, paikka, paikka ja paikka niin lajeissani se on tee, tee ja tee.

Eugen Herrigelin kirjassa Zen ja jousella ampumisen taito kuvataan päähenkilön Japanin matkaa ja Zenin opiskelemista jousella ampumisen avulla. Hän harjoitteli kaksi ensimmäistä vuotta ilman jousta ja nuolta. Itse kirjan lukemisen ja arvioinnin jätän lukijan tehtäväksi jos onnistuin herättämään lukijan mielenkiinnon pienen mestariteoksen lukemiseen. Lukeminen ei vie kauan koska teksti on helppolukuista ja sopii hyvin vaikka iltalukemiseksi. Kirja tulee parhaiten edukseen pieninä annoksina nautittuina. Luin tämän kirjan useita kertoja ja nautin sen yksinkertaisesta kielestä, selkeydestä. Kirjassa paljon käsitelty odottaminen on lisäksi laji missä en ole parhaimmillani ja siksi minusta oli hyvä kerrata asiaa. Kirjan hieman romantisoitu tapa esittää asiat puhutteli myös. Zenistä puhuttaessa sivutaan asioita joita sanat eivät oikeastaan riitä kuvaamaan tai selittämään. Samaten Taoismin klassikko oikeastaan tyrmää itse itsensä jo aivan aluksi " Se Tao mistä voidaan puhua ei ole oikea Tao". Toisin sanoen looginen kuperkeikka, kaikki alun jälkeen on vain höpinää. Myöhemmin todetaan myös että "kauniit sanat eivät ole tosia". Samaten Zenissä käytetyt väittämät ovat ainakin näennäisesti usein järjenvastaisia. Sellainen voisi olla "Oliko kirja matkustamisesta ja Zenistä kunnioittava jo silloin kun sitä ei oltu kirjoitettu?".

Olen itse opettanut ja opiskellut aasialaisia terveys- ja taistelutaitoja yli kolmenkymmenen vuoden ajan. Tätä pientä kirjaa käytin 1990-luvulla oppilaitteni mustan vyön kokeissa. Monimuotoisten fyysisten ja teknisten testien lisäksi Herrigelin kirjan lukeminen oli pakollinen momentti. Suurin osa mustan vyön suorittaneista oli nuoria aikuisia ja vaatimuksena oli antaa kirjasta arvio, josta voi päätellä että kirja oli luettu. En saanut yhtään positiivista palautetta vaan yleensä ihmettelyä miksi ihmeessä heidän ylipäätään piti lukea kirja, joka oli arveluttavan vaikeatajuinen ja sanoma nuoren ihmisen näkökulmasta täysin hömppäpömppää. Tässä yhteydessä täytyy mainita että painotin opetuksessani fyysistä suorituskykyä joten kirja oli varmasti yllätys. Olin toivonut että kirja toimisi kuten keskiolut, kevyt päihde johtaisi koviin, raskaisiin aineisiin. Teorian mukaan kevyt filosofinen teos johtaisi raskaisiin filosofisiin teoksiin. Näin ei käynyt. Tosin en tiedä mitä samat ihmiset ajattelevat asiasta nyt. Ainakin niillä, joista olen kuullut uutisia, on mennyt hyvin elämässään jos nyt ulkoista menestymistä voidaan kuvailla hyväksi elämäksi.

Tämän kirjan kirjoittamisen aikana sain selville että samainen filosofi professori oli ollut natsi. Samanlaisen järkytyksen koin kun sain tietää että Knut Hamsun, joka kirjoitti esimerkiksi kirjan Nälkä, oli kiihkeä natsismin kannattaja. Kyseessähän on vanha ongelma, kuinka merkityksellistä on taiteilijan elämä kontra hänen teoksensa? Eihän taiteellisen teoksen arvoa voida mitätöidä jos tekijä on syyllistynyt typeryyksiin tai jopa julmuuksiin, vai voiko? Sittenhän en tiedä olisinko ylipäätään lukenut väkivaltaisen ideologian edustajien kirjoja, jos olisin tiennyt herrojen mielipiteistä ennen kuin sain heidän teoksensa käsiini. Minulla ei ole varmoja mielipiteitä asiasta, enemmän kysymyksiä kuin vastauksia.

Robert M. Pirsigin kirja Zen ja moottoripyörän kunnossapito on vaikeampi kirja. Matkaa tehdään moottoripyörällä maaseudulla, matkaa tehdään myös itseen, historiaan ja filosofiaan, jopa hulluuteen. Fyysisesti matkaa tehdään moottoripyörällä Amerikassa pikkuteitä pitkin, mutta oikeastaan kirjassa käsitellään idän ja lännen ajattelumalleja. Tieteellisen ajattelun perusteiden tunteminen helpottaa kirjan lukemista. Kirjassa päähenkilön ja hänen poikansa seurana matkustaa taiteellinen pariskunta, joka suhtautuu teknologiaan vieroksuvasti. Jos heidän moottoripyöräänsä tulee vikaa he soittavat välittömästi mekaanikolle ja jättävät moottoripyöränsä korjattavaksi. Päähenkilö suhtautuu huoltoon zeniläisittäin huolenpidolla ja suorittaa sen rituaalinomaisen tarkasti ja ajan kanssa. En omistanut moottoripyörää kun luin kirjan ensimmäistä kertaa. Nyt omistan ja kuulun ryhmään "ei kiinnostuneet tekniikasta".

Kirjan sanoman voisi kiteyttää niin että moottoripyörän huoltaminen on zeniläisyyttä puhtaimmillaaan jos asiaan suhtautuu tarvittavalla huolellisuudella ja huolenpidolla. Ajatus kiehtoo minua koska esimerkiksi virkkaaminen on meditointia, varsinkin jos aktiviteetin itse sellaiseksi mieltää. Kirjan ansiota on se etten ole enää yhtä vihamielisesti suhtautunut kaikkeen teknologiaan kuten aikaisemmin. Olen jopa aloittanut moottoripyöräni huollon toisen modernin teknologian avulla, internetin. Sieltä löysin yksityiskohtaisesti ja huolella filmattuja huoltotoimenpiteitä, lisäksi selitettynä englanniksi, murtaen vahvasti suomalaisella aksentilla mutta selvästi selostettuna, kohta kohdalta. Toivomukseni on että löydän vielä kirjan Zen ja tietokoneiden käyttö.

 Suomeksi kirjan nimi on Zen ja moottoripyörän kunnossapito, minusta nimen pitäisi olla kunnossapidon taito tai taide, aivan kuten martial art käännetään taide tai taito.

Kirjojen avulla tein ensimmäiset matkani. Vieläkin Juhani Ahon kirjan ensimmäinen lause saa lukijan matkan odotuksen olotilaan, "Kuopion rannassa soivat lähtevien laivain kellot jo toiseen kertaan". On siis aika astua laivaan ja antaa kertomuksen viedä mennessään.

Samaten Robert M. Pirsig Zen ja moottoripyörän kunnossapito sinkoaa meidät moottoripyörän selkään, missä, sitä emme vielä tiedä. Ensimmäinen lause on hypnoottinen. " Irrottamatta vasemman käden otetta moottoripyörästä näen kellostani että se on puoli yhdeksän aamulla. Vaikka vauhtia on yhdeksänkymmentäviisi kilometriä tunnissa, tuuli on lämmin ja kostea." Aivan riippumatta siitä kuuluuko itse motoristeihin tai ei, voi suorastaan aistia sanat, tuntea kasvoillaan lämpimän tuulen ja vapauden potkun rinnan alla.

Juhani Ahon kirjaa Helsinkiin käsitellään useissa muissakin yhteyksissä tässä kirjassa. Ensimmäisellä lukemisella kiinnitin huomiota kirjassa olevaan kielikeskusteluun matkan aikana. Mielestäni Aho oli yllättävän radikaali. Suomen kieltähän ei pidetty kelvollisena yliopistokielenä ruotsinkielisten keskuudessa. Samalla tavalla järkeiltiin Euroopassa ruotsin kielestä. Sanottiin ettei ruotsin kieli Ruotsissa koskaan tulisi kehittymään sille asteelle, että se kelpaisi yliopistoihin. Nyttemmin kelpaavat molemmat kielet yliopistoihin ja korkeakouluihin vaikka tendenssi tuntuu olevan että englanti korvaa pian molemmat kielet.

Matkan odotuksesta ja valmisteluista

Mikä onkaan nautinnollisempaa ja suurempaa mielihyvää tuottavaa kuin keskellä arjen harmautta ja ongelmia pysähtyä ajattelemaan tulevaa matkaa. Hetkessä pääsemme paikkaan, minne olemme varanneet matkan, oli se sitten palmujen keskellä, alppien rinteillä, suurkaupungissa tai pienellä tuntemattomalla saarella.

Yhden erittäin sateisen Suomen kesän pelasti jo keväällä varattu Kreikan matka. Kevät ja kesä oli ollut rankkaa myös yksityiselämässä, läheisten sairastumisten ja vastaavien asioiden vuoksi. Jaksamiseen todella auttoi matkan ajatteleminen. Se toimi ajoittain mantrana tai viimeisenä oljenkortena, pääasia oli kuitenkin että se toimi.

Varmasti odottamiseenkin voi jäädä koukkuun – jos siihen on varaa – mutta monien taloudellinen tilanne estää sen, joten kannattaa nauttia hyvällä omallatunnolla silloin kun se on mahdollista. Ehkä mielihyvä liittyy lapsena koettuun joulun odotukseen joka useimmille tuo lämpimiä ja miellyttäviä muistoja. Ylipäätään lapsenmielisyys, leikkiminen tekee meistä luovia ja onnellisia, ei voi siis olla väärin tavoitella sitä olotilaa.

Matkaa edeltävänä aikana lainaan yleensä kirjoja matkakohteesta, enkä nyt tarkoita vain perus infoa esimerkiksi kaupungista vaan mielellään kaunokirjallisuutta joka sijoittuu kohteeseen. Ostan myös hyvän kartan ja yksinkertaisen oppaan jos sellainen löytyy ja minulla ei niitä vielä ole.

Sveitsiläinen kaverini näytti kaikki kartat mitkä hän oli matkoiltaan hankkinut, niitä oli laatikoittain. Euroopan läpi pyöräillessäni minun oli pakko tasaisin väliajoin lähettää karttoja kotiin. Ne veivät aivan liian paljon tilaa ja olivat ylimääräisenä painolastina. Vaelluksella kannattaa aina olla yksi kartta josta näkee kokonaistilanteen, yksityiskohtaisempien karttojen lisäksi. Minusta ainakin oli mielenkiintoista nähdä reittini ja missä olin minäkin hetkenä, niin sanotussa isossa kuvassa. Matkaa odottaessa voi karttoihin tutustua kaikessa rauhassa. Paljon käytössä olevaan karttaan kannattaa liimata muovipinta. Näin se kestää kosteutta eikä kuluttaminen saa osaa karttaa muuttumaan lukemattomaksi. Muoviin voi myös piirtää reittejä ja pyyhkiä niitä pois.

Kaikki tämä puuhastelu on enemmän nautinnollista esimakua tulevasta matkasta, en tee pikkutarkkoja suunnitelmia, oikeastaan olen täysin spontaanin matkustus tavan puolesta puhuja. Tämä tietysti riippuu matkasta ja sen tarkoituksesta. Via Francigenan pyhiinvaellusreittiä seuratessani aloin myös poiketa reitiltä mitä pidemmälle pääsin. Kuulin radiosta haastattelun pitkiä vaelluksia tekevästä naisesta. Hän jakoi kokemukseni että pikku hiljaa omat vaatimukset itselleen vähenevät. Hän ottaa nykyisin polkupyörän joskus junaan ja matkaa näin osan matkaa. Aikaisemmin tällainen olisi ollut pyhäinhäväistys hänelle itselleen. Kotona voi rauhassa suunnitella näitä eri matkustustapoja hyvissä ajoin ennen itse matkaa. Isot muutokset matkan aikana voivat helposti tulla stressaaviksi. Kannattaa kumminkin miettiä sitä että jos esimerkiksi kuukauden vaellukselle varaa yöpaikat etukäteen, niin joka päivä on ehdittävä yöpymispaikkaan ja mahdollinen haaveri voi romuttaa koko suunnittelun ja se tulee kalliiksi. Pitkällä matkalla voi sattua paljon, lihakset voivat kipeytyä tai revähtää, selkävaivat ovat tavallisia nuorillakin ja hyvin valmistautuneilla, tietysti onnettomuudet ja haaverit ovat myös mahdollisia. Pidemmän päälle on rasittavaa että joka päivä on huoli perille ehtimisestä. Toisaalta päiväetappi voi toimia kannustimena, ehkä vaeltajan oma persoonallisuus ratkaisee. Luonnollisesti jos aikataulu on jo ennalta määrätty voi etukäteen varaaminen olla parempi vaihtoehto. Koen itse etukäteen suunnitellun matkan orjuuttavana.

Fyysisesti rasittaville matkoille pitää valmistautua monta kuukautta, jopa vuosia etukäteen jos peruskunto ja keho ovat huonossa kunnossa. Netistä ja kirjoista saa yksityiskohtaisia neuvoja. Hitaasti kiiruhtaminen on tässäkin asiassa valttia. Kunpa oppisin soveltamaan tätä oppia omaan kirjoittamiseeni.

Lähteminen

Matkustaminen ja lähteminen ovat arkipäiväistyneet aika lailla viimeisten vuosikymmenten aikana. Juhani Ahon teoksista voimme saada käsityksen mitä lähteminen oli aikoinaan. Hänen kuvauksensa Kuopion laivarannassa jätetyistä jäähyväisistä kirjassa Helsinkiin kannattaa lukea, samankaltainen kuvaus löytyy myös teoksessa Yksin. Antti Ljungberg on lähdössä Helsinkiin opiskelemaan, ja laivarannassa häntä saattelemassa on koko perhe, tuttuja ja mielitietty, joka tosin oli antanut rukkaset nuorelle ylioppilaalle. Antti on vaivaantunut mutta nauttii samalla lähdöstä suureen maailmaan. Nykyäänhän laivaan astumisen jälkeen voisimme jatkaa yhteydenpitoa välittömästi mutta tuolloin oli tilanteessa suurempi lataus, joten lähteminen ja ero olivat dramaattisempia kuin nykyään. Lähteminen kuitenkin mahdollistaa paluun, joten nykyään suhtaudun lähtöihin luottavaisella ja hyvällä mielellä.

Elokuvissa junaa on käytetty lähdön symbolina. Vanhemmalle suomalaiselle yleisölle on piirtynyt mieleen kuva elokuvasta Pojat ja Vesa-Matti Loirin juoksu junan perässä joka vei hänen roolihahmonsa äidin pois.

Juhani Aholla on Rautatiensä ja muita junamatkojen kuvauksia. Juna esiintyy modernin elämän symbolina, vaarallisena ja uhkaavana mutta kiehtovana ja vääjäämättömänä.

Suomalaisten puhumattomuus ei päde junissa, ainakaan perjantai-iltapäivisin ja iltaisin kaukojunien ravintolavaunuissa.

VR:n uusi McDonalds design ja käsittämättömät värit lienee luotu saamaan asiakkaat viipymään ravintolassa mahdollisimman vähän aikaa, joten ehkä junamatkoissakin koittaa uusi aikakausi. Luultavasti junamatkat alkavat tai ovat jo alkaneet muistuttaa lentämistä siinä ettei vierustoverin kanssa jutustella spontaanisti, vaan istumme omassa kuplassamme kertoen koko muulle maailmalle missä nyt olemme.

Toistaiseksi vieläkin junassa matkustavat suhtautuvat yleensä ystävällisemmin kanssamatkustajiinsa kuin lentokoneessa matkustavat.

Onkohan kiehtova lähtemisen ja paluun tematiikka se joka saa myös laitapuolen kulkijat viihtymään asemilla? Kukapa ei haluaisi olla elämässä kiinni, kaivata ja tulla kaivatuksi, lähteä ja palata?

Hämeenlinnalainen naapurini kertoi omasta lähtemisestään tositarinan. Hän oli käyttänyt aikaansa istuskelemalla kaljaporukassa Hämeenlinnan linja-autoasemalla. Hän kyllästyi siihen ettei hänen elämässään tai kaljaporukassa tapahtunut mitään todellista muutosta ja päätti lähteä opiskelemaan. Hän valmistui ja sai hyvin palkatun työpaikan. Hän luuli voivansa palata kavereittensa luo; ehkä unelmissaan kuten amerikkalaisessa filmissä, kavereitten noustessa seisomaan ja taputtaessa käsiään ja hymyillessä kannustavasti ja ihailevasti. Todellisuudessa häntä ei oltu huomaavinaan ja hänet torjuttiin. Hänestä oli tullut uhka yhteisölle koska hän oli näyttänyt että muutos oli mahdollinen.

Samainen naapuri kiinnostui minun osittain nomadimaisesta ja vaihtoehtoisesta – ainakin erilaisesta – elämäntyylistä. Varoittelin häntä vetämästä liian hätiköityjä johtopäätöksiä. Yritin saada hänet ymmärtämään, että kaikilla valinnoilla on merkitystä ja kaikesta maksetaan hinta. Hän ei suostunut kuuntelemaan ja kun hänen tilitoimistoonsa tuli useampia taloudellisesti riippumattomia miehiä kyselemään mitä he tekisivät eläkkeellä hän sanoi itsensä irti. Hänen mukaansa nämä rikkaat ihmiset – pääsääntöisesti miehet – olivat lykänneet elämistään aina seuraavan projektin valmistumiseen saakka. Lopulta mitään harrasteita, kiinnostuksen kohteita tai ystäviä ei ollut. Vain aikaa ja rahaa. Drinkit, joissa on värikäs päivävarjo, alkavat pian maistua puulta jollain etelän rannalla. Naapurini kertoi, hänellä olevan niin hyvä palkka että hän pystyi toteuttamaan kaikki haaveensa, esimerkiksi kaukomatkat. Hän lopetti kuitenkin hyvin palkatun työnsä ja lähti purjehtimaan maailman ympäri kokonaan ilman purjehduskokemusta. Hän sanoi lähtiessään saavansa kyllä töitä kun ja jos hän tulisi takaisin. Hänestä en ole sen koommin kuullut mitään, toivottavasti hänellä oli matkallaan pehmeitä ja lämpimiä tuulia.

Näin rajuja irtiottoja ei luonnollisesti tarvitse tehdä eivätkä ne ole tarpeen. Mieleeni tulee taijiopettajani usein siteeraama kiinalainen sanonta, jonka mukaan jotkut meistä ovat luotuja lentämään. Jos se on luontomme mukaista, on parasta lentää. En kyllä ole sitä mieltä että olisi kysymys ääripäistä ja valinnasta niiden välillä: joko kahdeksasta viiteen konttorityötä tai sitten heittäytymistä täysin nomadielämään vuosikausiksi. Työpaikan saaminen ja pitäminen on jo tarpeeksi jännittävää useimmille meistä. Valinnoilla on myös aina seurauksensa. Opettaessani taijia Ranskassa yksi työpajalleni osallistuva saksalainen keski-ikäinen mies kertoi kuinka hän oli kesäisin työskennellyt yötä päivää sairaaloissa. Talvet hän sitten asui Aasiassa, matkusteli ympäriinsä ja valmisti koruja. Kesäksi hän toi Eurooppaan kontillisen vaatteita, työskenteli kesän sairaalassa jne. Hän oli nyt väsynyt elämäntapaansa mutta ei pystynyt sitä lopettamaan koska kahdeksasta viiteen - elämä ei häntä kiinnostanut. Hän ei myöskään ollut kerännyt eläkepisteitä ja työkokemusta, joten tilanne oli vähintäänkin epätyydyttävä.

Tärkeintä on se että elämämme on omannäköistä. Ehkä myös sattumalla on enemmän merkitystä elämäämme kuin mitä haluamme myöntää. Päivä kerrallaan, sanoi eläkeläinen kun televisiossa kysyttiin, miten hänen aikansa kului. Ei kuulemma ollut koskaan mennyt kahta päivää yhdessä päivässä! Toisen 80-vuotiaan miehen mukaan oli joka päivä protestoitava jotain vastaan kuten nuoret miehet. Se piti hänet nuorekkaana. Tapasin tämän vallankumouksellisen kun olin itse kaksikymmentävuotias ja ajattelin vain rahan ansaitsemista, hän asui hoitokodissa. Hoitokotia ajatellaan enemmän odotushuoneena kuin paikkana mistä lähteä, muutoin kuin kuvaannollisesti viimeiselle matkalle. Vastoin kaikkia odotuksiani koin siellä monet lähtemiset työskennellessäni siellä, opiskelujeni lomassa, vanhusten parissa. Tein kaukomatkoja ihmisten kahvipöytien ääressä, eri maihin ja varsinkin eri aikakausiin. Asukkaat tunsivat vierautta ja erillisyyttä nykyajan suhteen mutta olivat kotonaan muistoissaan maassa jota ei enää ollut. Jaksoin kuunnella ja he jaksoivat kertoa. Minun ei tarvinnut silloin siivota tai laittaa ruokaa…

Lähtö ja paluu

Tove Janssonin muumipappa on joviaali tyyppi, nauttii verannalla istuskelusta, viskiä siemaillen ja piippua poltellen. Paratiisimaiseen olotilaan alkoi hiipiä levottomuus ja ahdistus. Muumipappa ikävöi muualle, kauas pois. Tästä kertomuksesta tekee fantastisen se, että Muumimamma ymmärtää ja hyväksyy miehensä kaipuun. Hän suhtautuu asiaan tyynesti, tietäen että se on paras tapa ja on vakuuttunut saavansa miehensä takaisin, kuten saakin.

Kaikkihan me tunnemme ikävää ja kyllästymistä. Myös yhteiskuntamme ja kulttuurimme ahdistaa ja joskus elämäntilanteemme. Pienten lasten vanhempana ollessa viimeistään tuntee joskus olevansa ansassa. Arjesta irtioton ei tarvitse olla pitkä matka. Ehkä yö oman kaupungin hotellissa tai kavereilta lainatussa mökissä, asunnossa tai talossa voi olla riittävä. Italialaisen ohjaajan Moretin elokuvassa Pojan huone, psykoterapeutti hermostuu pitkäaikaiseen, lörpöttelevään potilaaseensa ja menee kaapille ja avaa sen. Kaappi on täynnä juoksutossuja. Hän kertoo potilaalleen, että tämä on hänen ratkaisu ikävään ja kaipuuseen. Ehkä ei aivan terapeuttien oppikirjan mukaista käytöstä mutta vaikuttavaa.

Modernit vanhemmat suovatkin toisilleen omia matkoja, ja hyväkuntoiset isovanhemmatkin huolehtivat mielellään lapsenlapsista vanhempien ollessa matkoilla. Lapset voi tietysti ottaa mukaan matkalle, se kyllä opettaa heidät samalla vaatimaan enemmän elämältä. Itse olen viihtynyt parhaiten ulkomailla juuri lasteni seurassa. Tosin silloin täytyy matkan tapahtua lasten ehdoilla. Kun olimme Kyproksella nuorimman tyttäremme kanssa erehdyimme tilaamaan kasapäin mezejä. Tarjoilija selitti meille innostuneesti että kun hän söi näitä viimeksi ystäviensä kanssa aikaa oli mennyt melkein seitsemän tuntia. Me olimme valmiita puolessa tunnissamme, tai tyttäremme oli ja silloin oli lähdettävä. Lasten kanssa matkustaessa välttää myös paluun jälkeisen tyhjän ja empivän olotilan. Arki jatkuu vauhdilla, raskasmielisyyteen ja pohdiskeluihin ei jää aikaa.

Aikaisemmin olin itse kiinnostunut vain lähtemisestä. Paluuta en halunnut edes ajatella ja usein palatessani matkoilta kaipasin takaisin jo ennen kuin palasin. Tämä suhtautuminen on täysin muuttunut. Lähteminen ja paluu ovat yhtä hauskoja ja mielenkiintoisia. Minä olen alkanut viihtymään kaikkialla. Yksi virstanpylväs viihtymiseen oli kauan aikaa sitten eroni jälkeinen olotila. Olin ahdistunut mutta huomasin että ahdistus väheni työmatkoilla ja aloin tuntemaan itseni turvalliseksi ja kotoiseksi missä vain yövyinkin.

Minulla ei ole enää pakottavaa tarvetta matkustella vaikka teenkin sitä mielelläni. Tätä kirjaa kirjoittaessani olen kokenut monet matkani uudestaan, myös ne tunteet ja tuntemukset jotka liittyivät matkoihini ovat palautuneet mieleeni. Kun muistini on pettänyt, olen pystynyt netissä katsomaan paikkoja joissa olen vieraillut. En muistanut Milanolaisen pienen ja vaatimattoman ravintolan nimeä mutta pystyin virtuaalisesti kulkemaan sinne, koska muistin reitin hotellistani sinne. Seurasin siis reittiä ja pysähdyin nimenomaisen ravintolan eteen ja tarkistin sen nimen tarkentamalla kuvan, aika fantastista oikeastaan.

Ehkä lähteminen on yhä vieläkin tärkeämpää minulle kuin kotiinpaluu, sitä paitsi ilman lähtemistä ei ole paluuta!

Matka ratkaisuna ongelmiin

Itseämme ja ongelmiamme emme pääse pakoon matkustamalla. Jouduin vastoin tahtoani todistamaan keski-ikäisen pariskunnan aviokriisiä Kreetalla seitsemänkymmentäluvun puolivälissä. Heillä oli huone oman hotellihuoneeni naapurissa ja riitelivät taukoamatta päivät ja yöt. Ilmestyessään hotellin ravintolaan heillä oli mustat aurinkolasit päällään. Heidän käyttäytymisensä oli moitteetonta. He käyttäytyivät kunnioitettavasti ja rakastettavasti toisiaan kohtaan. Hotellihuoneessa armoton taistelu jatkui välittömästi. Pystyin vain arvailemaan, mikä sai heidät taistelemaan niin armottomasti ja pitkään. He olivat kyllä sisäistäneet kiellon likapyykin pesemisestä julkisella paikalla. Arkielämässä emme vietä paljoakaan aikaa partnerimme kanssa päivittäin. Jos sitten matkalla olemme täysin toistemme varassa ympäri vuorokauden, vaatii se hyvän suhteen. Ei suhdetta eheytetä niissä olosuhteissa. Kreeta oli turistikohteena uusi ja se matka oli ensimmäinen ulkomaanmatkani jonka maksoin itse, kesätyössäni, panimoteollisuudessa ansaitsemilla rahoilla. Olin kaverini kanssa varannut huippuluokan hotellin ja hintaan kuului kolmen ruokalajin päivällinen, missä siis asuimme riitelevän pariskunnan vieressä. Näin jälkikäteen ihmettelen miksi kahdeksantoistavuotiaat pojat halusivat asua niin hienosti, olimme menossa koko ajan ja meille olisi sopinut parhaiten budjettihotelli. Meidän molempien poikien avioriidat olivat vielä kokematta mutta saimme esimakua siitä mitä avioparien välillä voi tapahtua pahimmillaan. Auringon palvontani jäi tällä matkalla. Voimme fyysisesti aika huonosti koska otimme työksemme ottaa kaiken irti auringosta ja oli oikeastaan liian kuuma ottaa aurinkoa. Rusketus hävisi koleassa Suomen syksyssä nopeasti. Tein päätöksen että puoli tuntia, tunti rannalla päivässä riittää minulle ja hyvin on riittänyt, tosin avioriitoja en ole pystynyt välttämään. Tein myös toisen päätöksen, matkoille otan hyvää tuulta tuomisiksi, en suostu riitelemään. Olen sen päätöksen pitänyt. Tyttäreni totesi ollessamme Maltalla 2004 talvella että hän ei riitele minun kanssani kuten hän tekee kavereittensa kanssa matkustaessaan. Tulin hyvin onnelliseksi ja ylpeäksi hänen sanoistaan.

Mika Ronkaisen dokumenttifilmi, Laulu koti-ikävästä, kertoo isän ja pojan automatkasta entiselle kotiseudulle, Göteborgiin Oulusta. Se on poikkeuksellisesti positiivinen ja eheyttävä matkakertomus vaikka vaikeita asioita käsiteltiinkin, tosin uskon isän ja pojan ymmärryksen toisiaan kohtaan alkaneen jo ennen matkaa.

Matkan aikana voi itsestämme ja kumppanistamme tulla esiin vähemmän mairittelevia puolia.

Kun kysyin kaveriltani saisinko hiihtää hänen kanssaan erämaassa, Sarekissa, viikon, vastaus oli että saat jos pidät turpasi kiinni. Hän oli koulutettu eräopas ja hänen kokemuksensa mukaan ihmiset eivät oppaan seurassa edes osanneet solmia kengännauhojaan mutta mielellään kyseenalaistavat eräoppaan tiedot. Lupasin olla hiljaa ja sain unohtumattoman elämyksen Sarekin kansallispuistossa missä kännykät eivät toimineet viikkoon mutta maisemat korvasivat kaiken muun. Joka vuosi erämaasta löydetään turisteja, jotka ovat arvioineet väärin kykynsä ja voimansa. Monilla on repussa juomista ja syömistä, he ovat vain pysähtyneet lepäämään. Usein heillä on vaatteet aukaistuna rintamuksen kohdalta, viimeinen aistimus elämässä on ollut lämpö rintakehän kohdalla. Kunnioitus on paikallaan luontoakin kohtaan.

Vaelluksilla joutuu käyttämään zeniläistä keskittymistä seuraavaan askeleeseen kun voimat alkavat uupua ja suksien pohjissa olevat karvat, liukuesteet muuttavat hiihtämisen kävelyksi, muuten ei vuorien rinteitä pääsisi ylös. Vuorten laella puuttomalla vyöhykkeellä tuuli kuluttaa voimia enemmän mitä voisi kuvitella kun on tottunut hiihtämään kaupunkien valaistuilla laduilla. Samalla kun keskityin seuraavaan askeleeseen mietin senhetkistä elämäntilannettani joka oli jämähtänyt mielestäni liialliseen suorittamiseen. Maisemien valtavuus sai omat ongelmat ja itseni tuntumaan pieniltä. Kun voimat uupuivat pysähdyimme, kaivoimme heti repusta lämmintä ylimääräistä vaatetta minkä vedimme tauon ajaksi päällemme. Söimme kuivamuonaa ja joimme kahvia seisaaltamme koska oli liian kylmä istua. Sitten taas jaksoi paremmin tunnin verran jolloin oli aika pysähtyä taas hetkeksi. Vaikka ollaankin jaksamisen rajoilla on mekaaninen liike ja voimien koittelu yksinkertaista verrattuna arjen ja ns tavallisen elämän moniin vaateisiin ja haasteisiin. Samoin fyysinen rasitus aiheuttaa oikeanlaista väsymistä ja tervettä unta. Olisi todellisuuden yksinkertaistamista jos väittäisin että ratkaisu mielessäni ongelmiini tapahtui matkan aikana. Varmaa on kuitenkin että tein radikaaleja muutoksia elämässäni, parempaan suuntaan, muutaman vuoden sisällä matkasta.

Muutos

Mitä jos olemme niin onnellisessa asemassa että olemme pystyneet matkustelemaan mutta siitä on tullut arkipäiväistä ja vähemmän kiinnostavaa? Muuta tapojasi ja tottumuksiasi. Jos olet yleensä matkustanut ryhmässä kokeile yksinmatkustamista tai päinvastoin.

Yksi mukavimmista matkakokemuksistani oli, kun päätimme matkustaa Italiaan niin ettei pienen ryhmämme neljä jäsentä tunteneet entuudestaan toisiaan. Vain yksi ryhmän jäsenistä tunsi kaikki, ja me olimme olleet hänen tuttujaan jo vuosia. Tapasimme kaikki yhdessä kerran ennen matkaa, jossa sovimme sallivista säännöistämme. Mikään ei saisi olla pakkoa. Kaikilla meillä neljällä oli oikeus milloin vain olla yksin tai tehdä omia asioita ilman että se aiheuttaisi muun ryhmän paheksuntaa. Pääsääntöisesti pyrkisimme syömään yhdessä.

Todellisuudessa pidimme aika tiiviisti yhtä mutta se ei tuntunut pakkopullalta. Muutamana aamuna tapasimme auringonnousun aikaan rannalla ja treenasimme yhdessä. Yhtenä aamuna lähdimme ennen auringonnousua moottoripyörillä vuorelle, jonka olimme päivänvalossa valinneet. Kiipesimme aamuhämärissä vuoren laelle, olimme varmistaneet helppokulkuisuuden ja turvallisuuden edellisenä päivänä. Siellä yksi meistä veti meditaatio hetken ja treenasimme qi gongia ja taijia minun johdolla. Paikka oli upea: vuoret toisella puolen, sininen meri vastapäätä. Innostuin ja inspiroiduin niin paikasta ja tekemisistämme että olin aivan haltioissani ja tavoistani poiketen tein pienen näytöksen ryhmälle taiji-keihään käytöstä. Kavuttuamme alas vuorelta ajoimme pieneen vuoristokylään brunssille. Ruokaa piti odottaa aika kauan ja isäntä löi pöytään pullon ouzoa, jota ystäväni käyttivät hyväkseen. Tunnelma oli katossa, ja koska en itse juonut olin todella ärtyisä ja nälissäni mihin muut reagoivat ihmetyksellä. Tämä olikin yksi harvoista kerroista kun eripuraisuutta ylipäätään ilmeni ja jälkikäteen voi ihmetellä miksi emme tilanneet aamiaista mukaamme. Kaiken kaikkiaan tämäntyyppinen omatoiminen ryhmämatka oli onnistunut kokemus. Nuorimman tyttäreni avulla olen oppinut verensokerin merkityksen kaikentyyppisillä matkoilla, ei vain vaelluksilla. Hänen mielialansa vaihtelevat paljon nopeammin kuin omani mutta sitä on helppo hallita muistamalla antaa hänen syödä säännöllisin väliajoin, siis harvinaisen helppo ongelma ratkaista.

Ex-vaimoni isä matkusti kymmeniä vuosia samaan paikkaan, samassa seurassa, samaan aikaan talvisin. En ole vastaavanlaista kokeillut mutta voin ymmärtää siinäkin olevat edut. Energiaa ei kulu paikkoihin tutustumiseen. Entisen appeni intohimo oli aurinko ja hän tiesi parhaimmat rannat ja parhaimmat paikat, osa työntekijöistä oli tuttuja jne.

Opettaessani taijitä Valamon luostarissa minulle kerrottiin että yksi munkeista matkusti Kanarian saarille ottamaan aurinkoa viikoksi joka vuosi. Aika epätavallista mutta hänelle se etuisuus suotiin koska se oli hänelle tärkeää.

Arto Paasilinnan romaanissa Kymmenen riivinrautaa, kauppaneuvos ei halua enää matkustaa ulkomaille koska se tarkoittaa hänen tapauksessaan konjakin juomista parvekkeella koko viikon. Ehkä olisi aika kokeilla ulkomaanmatkaa täysin ilman alkoholia tai kohtuudella. Makailetko vain rannalla? Kokeile aktiviteetti lomaa, opi jotain uutta. Monille loma on muodostunut suorittamiseksi, ehkä rannalla löhöäminen ja parvekkeella konjakin juominen olisi juuri se mikä olisi paras vaihtoehto?

Eräs dokumentti kuvasi kaksilapsisen perheen aurinkolomaa. Perheen isä järjesti kuumeisesti kaikenlaisia aktiviteetteja perheelleen. He kävivät vesiparatiisissa, heitä vedettiin veneen perässä banaanin päällä, he vuokrasivat jeepin ja ajelivat maaseudulla, siis kaikkea mahdollista. Kun perhe istui veneessä, jälleen kerran menossa tekemään jotain, haastattelija kysyi lapsilta, mikä oli parasta lomassa. Lasten vastaus oli, se että saa olla iskän ja äidin kanssa. Lapsia kiinnostaa enemmän vanhempien läsnäolo. Kun lapseni olivat pieniä ja muutimme kesäksi maalle olin aika levoton ja puuhailin kaikenlaista. Aloitin jopa rakennusprojekteja ja minä en kyllä ole oikea henkilö siihen. Parin lomaviikon jälkeen lampaiden syöttäminen lasten kanssa tai juomaveden hakeminen satamasta riitti aktiviteetiksi päivän aikana.

Minun on aina ollut vaikea hyväksyä muutoksia, siksi harrastankin lajia jossa muutos on avainsana. Taijin teorian mukaan kaikki muuttuu koko ajan, vain minä yritän tarrata kiinni asioihin ja pitää niistä kiinni. Kun aloitin harrastamaan taijita yli kolmekymmentä vuotta sitten päätin että nyt en kiirehdi tämän asian kanssa vaan teen sen kunnolla, huolellisesti ja ajan kanssa. Tavoitteeni oli olla hyvä kahdenkymmenen vuoden kuluttua, nyt siitäkin on jo aikaa ja opin koko ajan lisää, oikeastaan viimeisinä vuosina olen oppinut enemmän kuin aikaisemmin kymmenien vuosien aikana. Olen oppinut hyväksymään muutoksia mutta kärsimätön olen yhä vieläkin. Yksi syy miksi pidin kirjasta Zen ja moottoripyörän huolto, on yritys yhdistää ja selittää länsimaista ja itämaista ajattelua. Tehtävä ei ole aivan helppo ja kirjan päähenkilö sekosikin tätä yrittäessään.

Joskus lähteminen tarkoittaa ovien sulkeutumista. Onneksi kirjojen pariin on aina tervetullut. Ainoa asia mitä olen keräillyt, on kirjat. Ennen kuin menetin koko elämäni ajan keräämäni kirjat, aloitin lukemaan niitä uudestaan. Olin muuttamassa ulkomaille treenaamaan ja muuttoon kuului asunnon ja auton myynti. Niitä en kaivannut, no vähän unelmien urheiluautoani mutta ne kirjat. Aika ihmeellistä oli että nuorena vaikutuksen tehneet kirjat tekivät, jos mahdollista, vieläkin suuremman vaikutuksen keski-ikäisenä. Muistan kuinka Sastamalan kirjakellarissa, nuorena miehenä, tein löytöretkiä maailmankirjallisuuteen usein alle euron kappalehintaan.

Jos inhoat seuramatkoja, kokeile sitäkin tai matkusta omin päin jos olet ollut vain seuramatkoilla. Variaatioita on loputtomiin. Kuuluisan amerikkalaisen kirjailijan, Roland Barthin päähenkilö romaanissa Uiva ooppera, toteaa että ihmisen pitäisi murtaa kaikki totutut tavat ja tottumukset mutta jättää yksi koskemattomaksi, ettei kadottaisi minuutta.

Englantilainen suklaakakku

Olin Englannissa Brixhamissa kielikursseilla 1970-luvulla kuukauden. Englantilaiset kutsuivat kyllä kursseja seksi- ja olutkursseiksi. Aika viatonta menoa se kumminkin oli, vaikka siihen aikaan olisimme varmasti hyväksyneet – arvoituksellisesti hymyillen – englantilaisten tulkinnan.

En syönyt siihen aikaan suklaata ollenkaan ja erityisesti inhosin suklaakakkuja. Tykästyin kumminkin isäntäperheessä syötyyn suklaakakkuun niin että olen sitä makua tavoitellut yli neljäkymmentä vuotta, tähän päivään saakka ja tavoittelen yhä. Olen useasti kuvannut kakkua ja makua kahvila-alan ammattilaisille koskaan saamatta juuri sitä makua mitä haen. Ehkä amerikkalainen brownie, jossa on kuorrutus, päässee lähimmäksi tai ainakin muistuttaa eniten alkuperäistä makua. Luultavasti kysymyksessä oli perheen oma resepti, muutenhan olisin päässyt ainakin tosi lähelle näin pitkän ajan kuluessa. Tietysti voi kyseenalaistaa sen, pystynkö todella vielä muistamaan maun. Uskon niin.

Koen vieraat maat, tuoksujen, hajujen, makujen ja ruoan kautta. Nuorella ihmisellä on lisäksi avoimemmat aistit ja vähemmän turmeltuneet myös. Näin uusilla aistimuksilla on tilaa pysyä muistissa vaikka itse teinkin kaikkeni vaikuttaakseni kaiken kokeneelta. Olinhan jo käynyt Ruotsissa, Tanskassa ja Saksassa. Onneksi vanhempana ei tarvitse näytellä maailmanmatkaajaa vaan saa aidosti ihastua ja ihastella näkemäänsä.

Ehkä suklaakakku on enemmän kuin vain kakku ja maku. Minut se sai jo nuorena ymmärtämään, että kannattaa ennakkoluulottomasti kokeilla uusia asioita, ei siis vain makuja. Vaikka pidän vieläkin Englannista ja varsinkin heidän avuliaisuudestaan ja kohteliaisuudestaan niin ruokakulttuuri ei ole ensimmäinen asia joka tulee mieleen maata ajatellessa. Tokihan Lontoosta saa todella hyvää ruokaa kaikilta maailman kolkilta, kuten nykyään niin monissa suurkaupungeissa.

Itse asenne on kuitenkin tärkeämpi, uskallus kokeilla uutta. Hyvää ruokaa löytyy varmasti kaikista maailmankolkista, ja jos epäilyttää maistaa uusia ruokia niin ajatellaanpas mitä ulkomaalaiset ajattelevat nähdessään meidän mämmimme tai rapujen keittämisen? Makkaraperunat upotettuna ketsuppiin ja sinappiin eivät kuulemma myöskään innosta gourmetruokaa harrastavia ulkomaalaisia.
Huippukokkiemme mukaan myös karjalanpiirakat ja munavoin voi jättää tarjoilematta ulkomaalaisille jos nyt eivät kysele niiden perään. Uuden kokeilu ei tarkoita uusien kokemusten metsästämistä, kaikkien ei tarvitse heittäytyä vuorenrinteeltä alas siivet selässään (sky diving) todistaakseen olevansa ennakkoluulottomia.
Ekstremekokemukset eivät välttämättä ole edes todiste siitä että omaa kiinnostuneen asenteen ihmisiä ja ilmiöitä sekä asioita kohtaan.

Toinen asia mikä jäi vahvasti mieleeni Englannin matkalta muistuttaa myös tämän päivän tilanteesta Suomessa. Perheen isä puhui usein väheksyvästi maahanmuuttajista vaikkakin hänen työ -ja pubikaverinsa oli musta mies. Nuoruuteen kuuluu suoruus, joten kysyin miten kaveruus sopii hänen mielipiteisiinsä. Vastaus oli, että John oli hänen kaverinsa, ei maahanmuuttaja. Tätä en ymmärtänyt silloin mutta nyt se on helppo ymmärtää. Ihmiseen tutustumalla ennakkoluulot häviävät ja voi puhua itse ihmisen kanssa, ei käsitteen kanssa. Muistaakseni väittelin tästä perheen isän kanssa. Olin siis utelias ja kiinnostunut erinäisistä asioista, mutta kunnioitus toista maata ja ihmisiä kohtaan ei ollut paikallaan. Vaikka toisaalta häpeän sitä nuorta miestä, kadehdin hänen suoruuttaan, rehellisyyttään ja ehdottomuuttaan.

Käyn nykyisin treenaamassa Etelä-Englannissa ja mieleeni on tullut että voisin pistäytyä Brixhamissa ja etsiä talon missä asuin. Olisiko se viisasta? Isäntäpari oli pienten lasten vanhempia, joten he olivat noin kymmenkunta vuotta vanhempia kuin minä. Brixham on varmasti vieläkin pikkukaupunki ja löytäisin oletettavasti talon jos he nyt asuvat siellä. Olisiko parempi vain pitää tämä muistona? Entä jos saisin maistaa sitä kakkua!?

Kaukokaipuu

Halu matkustaa kauas pois arjesta ei ole mikään moderni ilmiö vaikka niin luulin kunnes vaelsin yli 2000 kilometriä vanhaa pyhiinvaellusreittiä, Via Franzigenaa pitkin 2012. Pyhiinvaellusreitti kulkee Canterburysta Roomaan ja vaelsin sen kokonaisuudessaan kävellen ja pyöräillen.

Koulussani olivat ikkunat, viimeiset kymmenen vuotta kouluajastani, niin korkealle ettei ulkomaailmasta näkynyt kuin taivas. Se vain ruokki mielikuvitustani joka oli vilkas muutoinkin. Halusin vain päästä ulos vapauteen vankilastani, jota sen aikaiset koulut usein olivat. Varsinkin keväällä tunne oli aivan sietämätön. Yksi suosikki fantasiani oli ajaa autolla kunnes tulisin kesän lämpöön ja sitten jatkaa hitaammin välimeren rantaan saakka. Onneksi en tiennyt että saisin odottaa sen unelman toteutumista pienen ihmisiän, unelma toteutui kumminkin 2013. Tosin kesän saavutin vasta Italiassa, Sveitsin puolella satoi lunta ja kun ajoin ulos St Bernhardtin tunnelista Italian puolella oli täysi kesä, noin plus 15 varjossa. Istuuduin totta kai aurinkoon ja nautin.

Jo keskiajalla suositut pyhiinvaellukset sijoittuivat enimmäkseen kevääseen. Luonnon herätessä myös ihmisillä heräsi halu matkustaa, ja koska siihen aikaan ei ollut huvimatkoja, pyhiinvaellus oli se muoto, jolla matkustushalu tyydytettiin. Pyhiinvaelluksia voisi myös hyvällä syyllä kutsua aikansa seuramatkoiksi koska ihmiset lyöttäytyivät yhteen ja viihdyttivät toisiaan kertomalla tarinoita, laulamalla, syömällä ja juomalla. Keskiaikainen kirja, Canterburyn tarinoita, kertoo pyhiinvaellusseurueesta, joka sai majatalon isännältä tehtävän: kaikkien täytyi vuorollaan kertoa kaksi tarinaa sekä meno- että paluumatkalla. Matkalaiset edustivat läpileikkausta koko sen aikaisesta yhteiskunnasta, voisiko tätä verrata ruotsinlaivoihin. Onhan niistä sanottu, että ne ovat ainoa jäljellä oleva paikka suomalaisessa yhteiskunnassamme jossa tapaa ihmisiä eri yhteiskuntaluokista. Sen verran villiä oli meno jo keskiajalla, että neitojen siveydestä oltiin yleisesti huolissaan. Kansa ilmaisi asian hieman suorasukaisemmin – erään lausuman mukaan naiset lähtivät pyhiinvaellusmatkalle neitsyinä ja tulivat takaisin huorina. Tämä oli oletettavasti liioittelua ja ilmaisi enemmän miesten halua pitää naisväki kotona. Mielenkiintoinen fakta prostituutiosta, pyhiinvaelluksesta ja prostituutiosta on se että Lontoossa, joka oli pyhiinvaelluskohde ja lepopaikka matkalla Canterburyyn, kaikki huoratalojen kiinteistöt omisti yksi ja sama piispa. Pyhiinvaellus on ollut tärkeä tulolähde kirkoille ja on sitä yhä. Kirkkojen tapoja ansaita rahaa moderneilla pyhiinvaeltajilla on käsitelty useissakin dokumenttifilmeissä ja matkaohjelmissa. Toisaalta kirkot antavat suojaa ja yöpaikan halvalla vaeltajille. Samaten kirkot ovat monessa maassa toimineet pakolaisten suojelijoina. Tämäkään ilmiö ei siis ole niin mustavalkoinen kuin haluaisi sen olevan. Omalla epäpyhällä pyhiinvaellusreittiä pitkin tapahtuvalla vaelluksella jätin tietoisesti kirkot ja luostarit rauhaan. Varsinkin Ranskan luostarissa kokemani jälkeen kun en päässyt suihkuun vaan minua vaadittiin jumalanpalvelukseen ja sitten syömään. Jääkylmä suihku järjestyi vasta näiden aktiviteettien jälkeen. Olin ainoa asukas ajankohdasta johtuen, joten ehkä asia selittyi sillä. Minulla oli varaa maksaa yöpymisistäni joten ajattelin etten välttämättä tarvitse luostarimajoittumisia.

Nykyisin monien pyhiinvaeltajien motiivit ovat varmasti pyhemmät ja henkilökohtaisemmat kuin keskiajalla. Kilvoittelu ei ehkä ole uskonnollista vaan enemmän henkistä laatua ja oman itsensä etsimistä, tosin uskovaisiakin varmasti löytyy.

Euroopan suosituin pyhiinvaellusreitti, Santiago de Compostela, alkaa jo muistuttaa keskiaikaa, jos ajattelee vaeltajien määrää. Satoja tuhansia vaeltaa vuosittain lyhyemmän tai pidemmän osan reitistä. Voidaan hyvällä syyllä puhua massaturismista.

Kaukokaipuuta tunsin jo lapsena, ennen kouluikääkin ja muistan kuinka vietin aikaani Eurooppa nelosen vieressä katsellen autoja ja miettien minne ihmiset olivat matkalla, minkälainen tunnelma oli autossa, millaista heidän elämänsä ja ihmissuhteensa olivat, mitä he tekivät autossa, mitä elämässä yleensä. Ihmisten tarinat kiinnostivat minua.

Kirjojen avulla voi myös matkustaa ulkomaille, saada myös olla mukana erilaisissa matkaseurueissa, henkilöautoissa, lentokoneissa, kameleitten selässä tai kapuamassa vuorenrinteitä. Utelias saa ja pitää olla. Uteliaisuus on osa kunnioitusta niin toisia ihmisiä kuin myös kulttuureja kohtaan.

Ihmisen psyykkiseen konstituutioon vaikuttaa kuuluvan kaipaus jonnekin. Harvoin elän vahvasti tässä hetkessä, joko projektoidun tulevaisuuteen, suunnittelen mitä tehdä tai muistelen menneitä, varsinkin niitä vääryyksiä mitä minulle on tehty. Tähän voi saada apua aasialaisista kamppailulajeista, zeniläisyydestä tai suomalaisesta luonnosta. En usko liialliseen istuskeluun ja meditaatioon. Eihän se ole edes hyvä verenkierrolle kuten kävi ilmi Shaolinin luostarin lapsista (kts siv. ?) Tosin harjoittelen itse liikkuvaa meditaatiota päivittäin, vuosi vuodelta enemmän, taijin käsimuodon ja qi gong harjoitteiden avulla ja minulle ne sopivat paremmin. Moni oppilaani on kertonut minulle että he saavat voimaa metsässä vaeltelusta tai siellä istumisesta päivittäin. Vanhat taiji mestaritkin hakeutuivat luontoon ja pois asutuskeskuksista.

Kunnioitus

Aidon kiinnostuksen lisäksi tarvitaan matkalle myös ripaus kunnioitusta. Kunnioitusta pitäisi löytyä ei vain ihmisiä kohtaan vaan myös maan tapoja, kulttuuria, ruokaa, pukeutumista ja myös erilaisia yhteiskunnallisia ja muita ilmiöitä kohtaan. Yksinkertainen esimerkki siitä, kuinka samaan asiaan suhtaudutaan eri tavalla, on auton valojen käyttö eri maissa. Meillä se on pakollista mutta monissa maissa kiellettyä. En ole koskaan saanut siihen minua tyydyttävää järkiperäistä perustelua mutta noudatan sääntöä kumminkin.

Lentokapteenin ilmoitus, ennen laskeutumista Kuala Lumpurin lentokentälle 1989, on kirkkaasti mielessäni vieläkin. "Hyvät matkustajat, Malesiassa on kuolemanrangaistus huumausainerikoksista. Olkaa hyvät ja huuhtokaa mukananne tuodut preparaatit vessanpytystä alas vaikka ne olisi ostettu omissa maissanne laillisesti. Pitäkää myös hyvää huolta omista matkatavaroistanne, ettei kukaan pääse laittamaan sinne jotain. Kiitos". Kunnioitus ei ole sama asia kuin hyväksyminen. Kun Malesia ehdotti eri jonoja kaupoissa naisille ja miehille oli se mielestäni typerää. Samaten raipparangaistukset ja kunniamurhat eivät ole mielestäni oikein mutta matkojen aikana on pakko mukautua eri maiden tapoihin ja lainsäädäntöön. Minusta täytyy itse päättää haluaako matkustaa maihin jossa poljetaan ihmisoikeuksia. Tämä kirja ei ole oikea paikka käydä sitä keskustelua, argumentteja löytyy tietysti puolesta ja vastaan. En pysty itse nauttimaan olostani maissa joissa on äärimmäistä köyhyyttä tai sortoa. Tiedän että siihen liittyy myös epävarmuus ja huoli omasta turvallisuudesta mutta moraalinen puoli on vahvasti mukana. Usein kannattaisi tosin miettiä kaksi kertaa ennen kuin tuomitsee näkemänsä asiat ja ilmiöt.

Moraalinen närkästyminen on ymmärrettävää mutta estää tehokkaasti uuden oppimisen. Vaikka monet asiat ärsyttävätkin ja kuohuttavat mieltäni ulkomailla yritän ensisijassa ymmärtää mistä on kysymys. Asenne ei ole henkilökohtainen keksintöni vaan myös yksi tieteellinen suhtautumistapa. Uskon vakaasti siihen että yrittämällä ymmärtää asioita voi niitä tarvittaessa muuttaa. Moraalinen tuomitseminen ei johda muutokseen. Ennen kuin treenaamassani taiji tyylissä pääsee sisäpiireihin, siis "indoor" oppilaaksi, niin kaikkien täytyy tehdä rituaalinen lupaus, johon kuuluu ettei julkisesti arvostele muiden taiji koulukuntien edustajia tai koulukuntaa koska ei tunne niitä tarpeeksi hyvin. Samoja asioita saa ja pitääkin arvioida ja arvostella oppimistarkoituksessa oman ryhmän sisällä. Hyvä sääntö myös muissa yhteyksissä. Tämä initaatio riitti (Bai Shi) oli kommunistisessa Kiinassa pitkään pannassa, sitä pidettiin vanhoillisena, taantumuksellisena mutta sitä on taas alettu käyttää.

Turistit omassa maassamme joutuvat myös sopeutumaan lakeihimme ja tapoihimme. Varsinkin aikaisempina vuosina sain yrittää selittää keskieurooppalaisille, miksi he eivät saaneet juoda viiniä ruoan kanssa yhdeltätoista aamupäivällä, aikaisemmin se oli täysin kiellettyä. Työskennellessäni Helsingin keskustassa turisteille oli vaikea selittää sitä, että sunnuntaisin ei saa ostaa viiniä mistään. Minulla on vahva tunne siitä että maitten väliset erot ovat myös hyvästä, jos koko maailma standardisoitaisiin kuinka tylsää se olisikaan. Kun minusta oli artikkeli lehdessä KL:ssa (Kuala Lumpur), jolla oli noin 10 miljoonaa lukijaa, menimme juhlimaan sitä intialaiseen ravintolaan. Ravintolassa ei saanut polttaa eikä siellä saanut edes olutta. Syöminen hoitui käsin, ne tosin pestiin ensin. En olisi voinut toivoa eksoottisempaa ja jännittävämpää kokemusta, siitäkin huolimatta etten saanut mitä halusin.

Suomessa turistit jotka ovat joutuneet keskelle juhannusjuhlintaa suurissa biletyspaikoissa, kuten hiekkasärkillä Kalajoella, ovat kertoneet luulleensa joutuneensa helvettiin. Voin kuvitella että näissä tilanteissa kunnioitus voi olla vaikeaa.

Vaikeaksi kunnioituksen tekee tiedon puute. Näistä tapauksista on kerrottu toisaalla tässä kirjassa. Tahattomasti syyllistymme asioihin joita voimme joutua häpeämään. Kaksostyttäreni olivat opettamassa tanssia slummi alueilla Etelä-Afrikassa. Heidät kutsuttiin syömään perheeseen ja kun perheen isä kysyi mitä tytöt halusivat juoda, vastasivat he coca colaa. Jälkeenpäin heille selvisi että perheellä ei ollut rahaa ostaa ruokaa moneen päivään näiden cola pullojen tähden.

Näin aikaa sitten iranilaisen elokuvan jossa naisilla oli, burkasta huolimatta, hulvattoman hauskaa yhdessä. He laskivat leikkiä miesten typeryydellä ja olivat mielestään niitä, jotka hallitsivat perhettä, kunhan vain saivat miehen luulemaan että mies oli perheen pää. Tämäkään ilmiö, burkan käyttö, ei ole niin yksinkertainen ja yksioikoinen mitä haluamme sen olevan.

Olin aikoinaan Kyproksella lasteni kanssa ja siellä eräs ruotsalainen perheenisä, jolla oli samanikäisiä lapsia kuin minulla, jutteli usein kanssani hetken parkkipaikalla tai allasbaarissa. Hän valitti koko ajan paikallisista oloista tai ivasi niitä. Teki mieli kysyä, miksi hän maksoi paljon rahaa siitä, että matkusti pois onnelastaan. Kyllähän paikallisia ilmiöitä saa tarkastella humoristisestikin, kuten stand up koomikko Ismo Leikola tekee. Erona on se, että hän saa paikallisetkin ihmiset mukaan nauramaan näyttämällä asioiden humoristisen puolen. Varmasti kaikki ymmärtävät eron hyväntahtoisen ja ilkeän asenteen eron. Nyt kun Ismo Leikola on virallisesti maailman hauskin mies voin toistaa vain suomalaisille tarkoitetun vitsin englantilaisten pubien miesten vessojen ovista. Ismo kysyi englantilaiselta miksi ovet avautuivat sisäänpäin, varsinkin matkalaukun kanssa kun on vaikea ängetä sisälle? Englantilaisen miehen mukaan siksi että istuessaan pytyllä voisi pitää ovea kiinni kun joku pyrkii sisälle, lukothan ovat yleensä rikki. Ismo Leikolan mukaan Suomessa vain korjaisimme lukot. Englantilaisille Ismo kertoi meille suomalaisille vaikeista hiljaisista kirjaimista joita ei äännetä ollenkaan. Hän kysyi englantilaisilta josko pankkien kanssa voisi viitata hiljaisiin numeroihin?

Kunnioituksen puutteeksi voidaan kyllä tulkita väärin erilainen käyttäytyminen. Ranskassa tarjoilijat tulkitsevat pohjoismaalaisten miesten usein käyttämät shortsit päivällisellä hävyttömyydeksi, mitä se ei varmasti ole. Mielestämme tosi lämmin ilta ei vain tarvitse pitkiä housuja. Ranskassa se on ehdottomasti sopimatonta. Monissa maissa mies, joka kiinnostuu naisesta, ottaa selville omatoimisesti naisen nimen ja osoitteen mikä Suomessa tulkitaan helposti ahdisteluksi, tai ainakin nainen voi kokea sen niin.

Erilainen tapakulttuuri saa usein koomisiakin piirteitä. Kun esim. ruotsalaisten tapakulttuuri kohtaa etelä-eurooppalaisen. Useimmissa maissa skoolataan aterian alussa, ja sen jälkeen kaikki syövät ja juovat sen mitä haluavat. Ruotsalaisten käyttämä lasien kilistely aterian aikana tulkitaan niin että juhlien isäntä on ylen määrin kiinnostunut alkoholijuomien kallistelusta ja on jo niin tehnyt ennen ateriaa.

Avoin ja kunnioittava asenne riittää. Matkustamisesta ei siis tarvitse tehdä opinnäytettä vaikka kyllähän tieto matkakohteesta jo etukäteen opiskeltuna voi antaa lisämaustetta. Näitä etukäteen hankittuja tietoja ei kylläkään ole pakko jakaa mahdollisten matkakumppanien kanssa. Mikään ei ole ärsyttävämpää kuin kalenterinpurija, joka on opiskellut ulkoa faktoja matkakohteesta ja luennoi niitä muille - halusivat he sitä tai eivät. Woody Allen on kuvannut asiaa osuvasti Pariisiin sijoittuvassa filmissään. Siinä akateemikko väsytti seurueensa faktoilla aloittamalla jokaisen lauseensa "sikäli mikäli muistan oikein...". Tyyppi on varmasti sama joka mielellään viihdyttää illanviettoon osallistujia kitaran soitollaan eikä ymmärrä lopettaa koskaan.

Matkustamisen paradoksi

Matkustaminen tai oikeammin sanottuna massaturismi on itseään tuhoava ilmiö. Espanjassa käy yli 60 miljoonaa turistia vuodessa ja omia kansalaisia on reilut 40 miljoonaa. Jos samaa soveltaisi Suomen oloihin, niin meillä kävisi vuosittain noin 7 miljoonaa turistia. Jaksaisimmeko olla aidosti kiinnostuneita jokaisesta turistista? Tämä lukuhan mahdollisesti toteutuu ilmastonmuutoksen seurauksena. On ennakoitu, että rikkaat eurooppalaiset muuttavat Suomeen pakoon liian kuumaa ilmastoa, laskelmien mukaan tämä merkitsisi noin 50 miljoonaa tulokasta viidenkymmenen vuoden päästä . Lastenlapsemme saavat ehkä vuokrata aurinkotuoleja ja –suojia. Kyllä kai suomalaiseenkin suuhun sopii "The best price only for you, my friend"?. Kuulostaa ehkä vieraalta, mutta tutkijoiden mukaan Suomen kiinnostavuus matkailumaana tulee näillä näkymin kasvamaan. Tosin Pariisin ilmastokokous lupaili muutosta parempaan, joten asia ei ole varma.

Molemminpuolisen kunnioituksen säilyttäminen on kuitenkin vaikeaa, kun vierailijoiden lukumäärä nousee. Mallorca on tästä hyvä esimerkki. Rakennettiin vain suurempia ja suurempia hotelleja, ja väliin rihkamakauppoja ja ravintoloita. Sitten kun kipupiste saavutettiin, turistit kaikkosivat. Valtavat hotellit purettiin ja tilalle rakennettiin inhimilliseen mittakaavaan sopivia hotelleja puistoalueineen. Ylipäätään suurissa turistikohteissa suhtautuminen on kovempaa ja tämä pätee molemmin puolin; niin turismin parissa työskenteleviin kuin myös vieraisiin. Sveitsissä on joissakin ravintoloissa lappuja, että kaikki muut ovat tervetulleita paitsi ruotsalaiset. Maine on varmasti ansaittu vaikkeivat kaikki ruotsalaiset käyttäydykään huonosti. Ruotsalaiset ovat myös usein taitavia laskettelijoita, mutta heillä on huono maine siitä että he aiheuttavat lumivyöryjä laskettelemalla kielletyissä rinteissä, varsinaisten rinteiden ulkopuolella.

Yksittäinen turisti voi välttää moisen löytämällä omat suosikkipaikkansa joita muut eivät vielä ole löytäneet. Tähän vaaditaan vähän viitseliäisyyttä ja omatoimisuutta mutta se kyllä palkitaan. Santorini oli aikoinaan vain kirjailijoiden ja hippien suosima vulkaaninen saari Kreikan saaristossa. Nyt siellä on paljon turisteja ja jopa oma lentokenttä. Maailman kauneimmat auringonlaskut ovat kyllä yhä siellä. Useampikin kirjailija on kuvannut neitseellistä aikaa, jolloin saarella oli pääasiassa paikallista asutusta.

Asia on kyllä aika paradoksaalinen: turistien perään haikaillaan muuallakin kuin Suomessa mutta kun turistien määrä kasvaa kontrolloimattomasti niin tilanne muuttuu pahimmillaan kestämättömäksi. Hyvä suunnittelu ja jonkinmoinen kontrollointi on tarpeen, lisää byrokratiaa emme tosin Suomessakaan enää tarvitse. Ei tarvitse olla maisema-arkkitehti tai muu ammattilainen jotta rakennettavien hotellien suuruus, näkö ja koko saataisiin sopimaan ympäröivään luontoon. Kahvila tanssipaikka Merihelmi Oulun lähistöllä on tästä hyvä esimerkki. Rakennuksia ei huomaa edes läheltä meren rannalla kävellessä, niin hyvin on ne sopeutettu ympäröivään luontoon.

Suomalainen Välimeren kulttuurin ihailija Göran Schildt (1917-2009) kertoi, ettei hänen arvostustaan vähentänyt se, että hän ja hänen vaimonsa saivat todellisia vihamiehiä pienellä Kreikan saarella, josta he ostivat asunnon. Hän ei kertonut syytä vihanpitoon mutta eihän siihen paljon vaadita missään muuallakaan, ei edes Suomessa. Kirjassa Populaarimusiikkia Vittulasta on hyvä kuvaus miten vihanpito siirretään sukupolvelta toiselle, ilman että kukaan muistaa mistä kaikki alkoi. Pikku hiljaa Göran Schildt vaimoineen löysi saarelta ne hyvät ystävätkin. Kaikilla ei tällaiseen yksilölliseen ratkaisuun ole varaa mutta jotakin pitäisi massaturismille tehdä.

Kasvavaan turismiin ei ehkä ole helppoja ratkaisuja. Kestävästä matkailusta on mahdoton puhua kun matkustajamäärät ovat kymmeniä, jopa satoja miljoonia yhteen maahan vuoden aikana. Yksi osaratkaisu voisi olla panostaminen ns. moderneihin humanisteihin. Modernit humanistit ovat entisen MEKin nykyisen Visit Finland luoma käsite. Siihen sisältyy ne mahdolliset Suomesta kiinnostuneet matkailijat tietyissä Euroopan maissa. Tämän kirjan tavoitteena ei ole ratkoa matkailun ongelmia ja lieveilmiöitä, mutta modernit humanistit ovat mielenkiintoinen ilmiö matkailussa.

Modernit humanistit

Moderneiksi humanisteiksi on kutsuttu sitä matkailijaryhmää, joka on tehnyt rantalomia eri kohteisiin, sen jälkeen siirtynyt kaupunkilomiin ja kolmas vaihe on aito kiinnostus kohdemaan omaan kulttuuriin, ihmisiin, elämäntapaan jne. Voihan asia olla myös niin, että tämä ryhmä eroaa muista juuri siinä että he ovat kiinnostuneita kohdemaasta, eikä siitä mitä se tarjoaa.

Rantalomat tulevat jatkossakin houkuttelemaan suurta osaa turisteja. Muistan kun Italiassa keskustelin pizzerian omistajan kanssa eri matkakohteista muun muassa siitä voisiko Suomi olla kiinnostava italialaisille. Hän asui Pohjois-Italiassa ja kesäloma vietettiin hänen perheessään aina samalla tavalla: Auto suunnattiin kohti etelää ja ajettiin yhtä soittoa kunnes tultiin merenrannalle. Tavoitteena oli aurinko ja bilettäminen, mielellään halpa alkoholi.

Olin omasta mielestäni jo lämpimässä paikassa (verrattuna Suomeen) ja kesti hetken aikaa ennen kuin olin varma että olin kuullut oikein. Ei auringonpalvomisessa ole mitään vikaa. Moderneja humanisteja kiinnostavat asiat joita me pidämme itsestäänselvinä ja tylsinä, ainakin arkipäiväisinä. Se voi olla maalaisleivän leipomista, kävelyretki metsässä, saunominen, keskustelu äitiys/isyyslomien pituudesta jne.

Ei siis tarvita sky divingin tai bungy jumpin tyylisiä kokemuksia.

Olin töissä Ulkokallan pienellä saarella turistiryhmän kanssa kun sain osallistua ryhmälle järjestettyyn infotilaisuuteen saaren historiasta. Maistelimme saaren erikoisuutta graavattua silakkaa ja kuuntelimme tarinoita saaren historiasta, osa faktaa, osa legendaa ja mukavaa oli. Kuoppainen merimatka unohtui ja sen jälkeen ohjasin auringonpaisteessa ryhmää Qi Gongissa ulkona auringonpaisteessa Ulkokallan pienellä saarella jossa meri näkyy joka joka puolella, rannikolle on matkaa noin 50 kilometriä. Tämä voisi toimia esimerkkinä mitä matkailijat, nämä modernit humanistit voisivat arvostaa. Kuuluihan ryhmän ohjelmaan myös saunomista ja ruokailua. Tähtitaivas näkyi myös saarella erikoisen hyvin, koska saari sijaitsee keskellä merta, mantereelle on matkaa melkoisesti. Tämäkin on aivan ilmainen elämys ja ei kuluta luontoa mutta siitä voi jäädä pysyvä muisto; maata makuualustalla ulkona ja katsella tähtikuvioita mukaan annetun tähtioppaan kanssa. Miellyttävä muisto on Toscanasta, jossa olin maatilalla vapaaehtoistyöntekijänä. Australialaiselle pienelle ryhmälle oli järjestetty paikallisen ruoanlaiton kurssi ja läheisestä kylästä tuli emäntä opettamaan. Kaikki saivat osallistua pastan tekemiseen omin käsin. Kurssi huipentui itse laitetun ruoan syömiseen paikallisen viinin kera. Osanottajat rentoutuivat kun hienoinen epäröinti ja ujous oli voitettu ja huomattu, että kokkaaminen onnistui. Hyvänolontunne purkautui päivällisen aikana monien vitsien ja tarinoiden muodossa.

Viiveen merkitys

Kaikkien matkustavaisten jakama kokemus on varmasti se, että aika kultaa muistot tai ainakin tekee muistoista kerrottavia tarinoita, joita voi jakaa muillekin hyvän päivällisen yhteydessä tai miksei kylmänä pakkasiltana takkatulen ääressä lasi konjakkia kädessä...

Pahimmista kokemuksista tulee parhaimmat tarinat ja turinat. Matkustin Etelä-Saksaan, Reutlingeniin 2002 viikoksi treenaamaan siinä uskossa että pystyisin istumaan iltapäivisin ulkona kahvilla kevättalven auringossa. Tällainen oma hetki koko päivän kestävissä treeneissä voi olla se joka tekee koko viikosta nautittavan, koska itse harjoittelu on raskasta, varsinkin kolmannen päivän jälkeen uuden omaksuminen ja myös rutiiniasiat alkavat vaikeutua.

Kuinka ollakaan todellisuus oli hieman erilainen. Paikassa oli kylmin talvi yli viiteenkymmeneen vuoteen, harvinaiset 30 asteen pakkaset ja asuinpaikkani oli entisen teollisuusalueen ruokala. Lämmitystä ei ollut ja kun heikäläiset talvet ovat mietoja, yksinkertaiset, aika väljät ikkunat takasivat tuuletuksen pelaavan. Minulle osoitettiin paikka, jossa oli lämminvesiputki tai vastaavaa lattian alla. Siihen laitoin makuupussini ja nukuin hanskat kädessä ja pipo päässä. Makuupussi oli riittävän lämmin eikä öisin paleltanut mutta ne aamut. Laitoin aamulla uunin päälle ja avasin uunin luukun. Sen päälle laitoin pinnatuolin lämpiämään. Kun tuoli oli lämmennyt jonkin aikaa, istuin tuolille ja nostin jalkani uunin avoimen luukun päälle ja aloin keitellä aamupuuroa ja teetä. Toinen päivän huippuhetki oli suihkusta tuleminen. Treenaamisen aikanahan ei paleltanut ja oikeastaan kylmässä jaksoi paremmin touhuta koko päivän verrattuna lämpimään kesään, siis jotain positiivista. Joka tapauksessa lämpimästä suihkusta takaisin todellisuuteen palaaminen oli tuskallista ja siinä ei paljoa kuivailtu vaan vaatteet päälle ja makuupussiin.

Kolmantena päivänä uskaltauduin kävelemään keskustaan ja menemään kahvilaan. En osannut odottaa sitä mitä tuleman piti. Kylmähän saa kehon jännittymään ja kun istuin lämpimässä kahvilassa, höyryävä kahvikuppi ja leivos edessäni, päivän lehden kera, nukahdin välittömästi koska kehoni rentoutui. Tämä jäi ainoaksi kahvilavierailuksi viikon aikana. En mennyt päivisin muuallekaan koska minulla oli vain muutama tunti vapaata ja huilailin ne tunnit.

Miksi en sitten mennyt hotelliin? En todellakaan muista kuinka järkeilin, mutta harjoitukset alkoivat puoli kahdeksan aamulla ja loppuivat yhdeksän, kymmenen aikaan illalla, joten ajattelin olevan hyvä ettei aikaa kulu matkoihin, olenhan tavallaan aina oikeassa paikassa. Asuminen kuului myös pakettihintaan ja saituus oli yksi osasyy.

Aasian kokemus

Kirjoitin alani lehtiin muun muassa harjoitusmatkoista. Varsinkin Aasia oli eksoottista aluetta vielä 1990-luvulla, nythän se on vain yksi matkakohde muitten joukossa. Yhden lehden päätoimittaja kertoi juttuni saaneen hänet kaipaamaan matkoja, jotka hän oli tehnyt aikoinaan samoissa merkeissä.

En kuitenkaan kertonut kaikkea lehtijutussa. Totuus ensimmäiseltä matkalta oli se, että suunnitelmat menivät aika lailla puihin. Minun piti asua pienessä huoneessa harjoittelupaikan yhteydessä, ja siivoamalla ja muutenkin pitämällä huolta kiinteistöstä maksaa asumiseni ja osan opetuksestakin. Päästyäni perille ja pahasti jet lagin piinaamana minulle pikkuhiljaa selvisi ettei koko harjoittelupaikkaa ja asuntoakaan ollut enää olemassa. Minua oli siis huijattu pahemman kerran ja hetkeen en tuntenut edes asfalttia jalkojeni alla, kuulemma merkki henkisen tasapainon pahasta järkkymisestä. Minulla ei ollut minkäänlaisia taloudellisia mahdollisuuksia lähteä takaisin kotiin, tai muuttaa suunnitelmia ja järjestää jokin muu harjoittelupaikka. Ainakaan näin en uskonut silloin. Alkujärkytyksen jälkeen asiat järjestyivät, ja sain asua paikallisen perheen luona ja harjoittelu tapahtui puistoissa, varastoissa, takapihoilla ja opettajan olohuoneessa.

Nojatuolimatka

Matkan suunnittelu ja sen odottaminen voi olla matkan parasta antia. Nojatuolissa tapahtuva matkustaminen on miellyttävää, ei ole liian kuuma tai kylmä, ei olla nälkäisiä, väsyneitä tai ärtyneitä. Olohuoneen pöydälle levitetyllä kartalla Apenniinit ja Alpit ylitetään hujauksessa. Vuorilta otetaan kauniita kuvia eikä myrsky yllätä lämpimässä suomalaisessa olohuoneessa, tasaiset 20 astetta, tuulta ei ole eikä sada. Kun todellisuudessa ylitin Ranskan ja Sveitsin välistä vuoristoa ja luulin jo päässeeni huipulle aivan nääntyneenä, sain selville että nousua oli vielä jäljellä toiset mokomat.

Kaupunkikohteet ja niiden nähtävyyksiin tutustuminen käy myös parhaiten kartan avulla. Kuinka helppoa onkaan käydä suurkaupungin eri puolilla katsastamassa pakolliset nähtävyydet ja ehkä vielä tutustua johonkin esikaupunkialueeseen joka ei ole ennestään tunnettu mistään. Käytännössä yhteenkin paikkaan tutustuminen matkoineen vie enemmän kuin puoli työpäivää. Tosin todellisuudessa on mukavaa lepuutella jalkojaan sen jälkeen kahvilapöydän ääressä ja katsella ihmisvilinää kahvikupin tai lasillisen kanssa.

Yhden sateisen ja työteliään kesän pelasti se että olin hyvien ystävien kanssa varannut matkan kesän lopuksi Kreikkaan. Aina huonojen kelien masentaessa ajattelin että kesän lopussa lähdemme Kreikkaan aurinkoon ja taas jaksoi yhden päivän. Itse matka onnistui todella hyvin, vaikka matkalla lentokentälle yllätti sankka sumu. Olin ollut perjantaista sunnuntai-iltaan saakka töissä ilman vapaata ja ajoin sitten autoa puoli yötä neljääkymppiä päätiellä. Sitten vielä pähkäilimme että olisi parempi jättää syöminen kunnes tulisimme lentokentälle. Ravintolat olivat kiinni ja kun pääsimme syömään aamiaista valvotun yön jälkeen alkoi hyväntuulisuus rakoilla. Nojatuolissa me kaikki olemme yhdenvertaisia, tasavertaisia, rauhallisia, positiivisia, pitkäpinnaisia jne. Nojatuolimatkoista saa ja pitääkin nauttia. Nautinnon lisäksi ne voidaan nähdä modernin tutkimuksen valossa henkisenä valmentautumisena ja maalikuvina. Onnistuessani nojatuolissa täydelliseen suoritukseen matkakohteessa se ohjaa minua myös käytännössä onnistuneeseen matkaan. Jos pelkään matkan vaaroja ja kaikkea mikä voi mennä vikaan se, ikävän olon lisäksi, vaikuttaa käyttäytymiseeni. Tietty huoli ja huolehtiminen itsestään ja muista kuuluu luonnollisesti kuvaan. Kuinka voisin minulle oudossa ympäristössä täysin heittäytyä huolettomaksi? Ehkä all inclusive -matkat ovat olemassa juuri siksi, mahdollisuutena huolettomaan lomaan. En ole kokeillut tätä matkustusmuotoa. Minä olen joskus keskustellut ravintolanomistajien kanssa jotka pitävät all inclusive matkustamista kilpailua rajoittavana, varmasti se rajoittaa näissä asuvien kokemuspiiriä.

Matkustamisen merkitys erillisyydelle ja luovuudelle

Erillisyyden tunne on varmasti tuttu kaikille jotka matkustavat. Onhan ihminen matkalla reväisty irti normaalista yhteydestään ympäristöönsä ja kanssaihmisiin. Omaa verkostoitumista en ajattelekaan usein mutta se helpottaa arkipäivää kun voi soittaa työkaverilleen ja pyytää tätä tekemään pienen palveluksen, ylipäätään arkipäivän ongelmien ratkaisu helpottuu. Tunnehan ei ole välttämättä kielteinen, se voi myös vapauttaa ja tekeekin sen. Olen tilapäisesti irti arjen pakotteista ja vaatimuksista, niin kuin myös niistä monista asioista joita luulemme että meiltä odotetaan.

Erillisyys tai irrallisuus voi myös ahdistaa siksi varmasti monilla matkapäivät ovat kiireisempiä kuin arjen työpäivät. Kiinalaiset ovat mestareita tässä. Suurkaupungin tärkeimmät nähtävyydet käydään valokuvaamassa bussilla tosi nopsaan. Erään dokumenttifilmin mukaan kiinalainen turistiryhmä vieraili Tukholman kymmenessä tärkeimmässä nähtävyydessä kahdessa ja puolessa tunnissa. Aikaa ei jäänyt paljoa per nähtävyys koska liikenne veroitti aikansa.

Irrallisuus ja erillisyys antavat oikein oivallettuna aikaa ja tilaa omille ajatuksille. Vaikka ympärillämme ihmiset kiiruhtavat töihinsä ja muille tärkeille asioille, minulla ei ole tärkeitä menoja. Tosin olen saavutettavissa ja saavutan ulkomaailman ja oman kuplani missä sitten olenkin modernien kommunikaatiovälineiden avulla mutta paljon käytännön kiireitä jää pois. Itse säätelen myös sitä kuinka paljon haluan olla mukana sosiaalisessa mediassa. Jukka Kajava, edesmennyt Helsingin Sanomien- ja elokuvakriitikko, muistutti lukijoitaan usein siitä että TV:ssä on nappi, jota painamalla laite sammuu. Hän joutui kriitikkona katsomaan kaikkea soopaa jotta hänen lukijansa välttyisivät pahalta.

Luovuudelle tämän tyyppinen luppoaika on melkeinpä välttämätöntä. Pidän sitä edellytyksenä kirjoittamiselle. Kahvilapöydän ääressä voin myös jatkaa lapsuuden leikkiäni ja miettiä mistä lähipöydän perhe puhuu, minkälaisia heidän suhteensa ovat, ovatko he onnellisia perheenä, yksilöinä jne. Kirjailija Claes Hyllinger alkoi lyhyessä novellissaan arvailemaan kahvilassa istuvan perheen etnisyyttä. Hän oli ensin vakuuttunut siitä että he olivat norjalaisia, sitten hän kuuli jonkun yksittäisen sanan ja vaihtoi mielipidettä kunnes oli läpikäynyt viisi eri kansallisuutta, tosin sitä oikeaa hän ei saanut koskaan tietää.

Sama kirjailija on kertonut kuinka hän oli nuorena miehenä ihastunut ravintolan tarjoilijaan Ranskassa ja miettinyt uskaltaisiko pyytää tyttöä elokuviin. On olemassa teoria jonka mukaan kaikki valinnat ja niitten jälkeinen elämä tapahtuvat samaan aikaan eri todellisuuksissa. Meidän tuntemassa todellisuudessa kirjailijalta meni pupu pöksyyn mutta toisessa todellisuudessa hän uskalsi kysyä tyttöä elokuviin ja sai myönteisen vastauksen. He rakastuivat ja menivät naimisiin, ja kirjailija kutsuukin lukijat heidän luokseen Ranskaan jossa he asuvat lapsiensa kanssa.

En nyt väitä että itse miettisin näin korkealentoisia ajatuksia koko ajan, enemmän on kysymys tuijottelusta ja olemisesta. Tylsänpito on mielestäni tärkeää. Ei ole mahdollista luoda jotain uutta tai saada uusia ajatuksia jos kuumeisesti työskentelee tai harrastaa jotain, aktiviteettien laadulla ei ole merkitystä. Matkustaminen voi luoda puitteet tekemättömyydelle. Expressenin pitkäaikaisen päätoimittajan Bo Strömstedtin vaimo Margareta Strömstedt kertoi haastattelussa kuinka hän oli nuorena tyttönä ollut pakotettu istumaan ja kuuntelemaan isänsä, vapaakirkkopastorin saarnaamista. Hän ei ymmärtänyt mitään siitä mitä saarna käsitteli joten hän alkoi keksiä fiktiivisiä leikkikavereita, tämä teki hänestä kirjailijan. Bo Strömberg on muuten syntynyt Suomessa, Vaasassa.

Suomen yksi menestyneimmistä naistanssijoista, nykyään koreografioiden luoja sanoi haastattelussa ettei voisi tehdä normityötä, hänen täytyy saada istuskella kahviloissa ja vaellella kaupungeissa. Se kuulostaa elitistiseltä mutta varmasti luova työ vaatii toisinaan vain olemista, sittenhän arkipäivä on useimmiten kiireistä heillekin. Suomessa käytetään harvoin kaupungissa vaelteluun sanaa flaneeraus tai flaneerata. Itse miellän sen myös kiinnostuksena kaupungin rakennuksiin, niitten historiaan ja arkkitehtuuriin. Kiinnostus ihmisiin on mielestäni osa flaneerausta. Ei ehkä sanakirjan mukainen tulkinta mutta tulkinta kumminkin. Mieleeni tulee sana luppoaika. Yhdistän flaneerauksen ja luppoajan toisiinsa. Näennäisesti merkityksetöntä ajan tappamista mutta tärkeää luovuudelle. Suomalainen tanssija Kenneth Kvarnström painottaa puolestaan työpäiviensä samankaltaisuutta ja monotoonisuutta. Päivät ovat myös pitkiä ja päättyvät usein yksinäisyyteen vaikkapa Tukholmalaiseen hotellihuoneeseen. Ensi-iltojen juhlat ovat poikkeus rutiineihin.

Esa-Pekka Salonen kertoo rentoutuvansa syömällä hyvin. Hän työskentelee suurkaupungeissa joissa tarjontaa olisi kokemuksiin kaikesta mahdollisesta mutta hän sanoo että hän valitsee ruoan. Me suomalaiset hakeudumme usein metsään tai kesämökille mistä ammennamme voimaa. Kalastus ja metsästys ovat monelle enemmän meditaatiota kuin saalistamista.

Summa summarum: Matkustaminen voi toimia monella eri tavalla, myös matkana itseen ilman että matkan tarkoitus olisi lähtökohtaisesti juuri se.

Tuoksujen maailma

Oman kappaleensa muodostaa tuoksujen jännittävä maailma. Myönnettäköön, oma suhtautumiseni on objektiivisesti ajatellen yltiöpositiivinen mutta en voi sille mitään että vedän mielihyvällä sisääni kaikki uudet tuoksut ja hajut matkustaessa. Jokin haju mikä saisi kasvoni vääntymään inhosta kotimaassa, on vain eksoottista ja esoteerista ulkomailla. Tiedostan tosiasian ja myönnän sen olemassaolon omalla kohdallani mutta se ei vähennä nautintoani.

Yliopistoissammekin opetetaan ns. U-käyrää ulkomailla asumisesta, ensin kaikki on uutta ja jännittävää, olemme kaikkien aistien todistusvoimalla valmiita ylistämään uuden asuinpaikkamme erinomaisuutta, sitten tulee romahdus kun todellisuus normaaleine vaikeuksineen pudottaa meidät rajusti maanpinnalle, olemme U-kirjaimen pohjalla.

Sitten taas ajan kanssa kokemuksemme normalisoituu ja viihdymme paremmin ja paremmin, U-käyrä saavuttaa toisen laidan huipun ja kirjain on valmis. Tämä on sekä teoriaa että käytännössä totta, mutta varsinkin lyhyen ulkomaan vierailun aikana keskityn vain nauttimaan. Asettuminen asumaan ulkomaille, lyhyemmäksi tai pidemmäksi aikaa, on erilainen kokemus verrattuna ulkomaanmatkaan. Pidemmälläkään matkalla arkitodellisuus ei kolkuttele ovella, tosin kokonaan vaikeuksia ei voi välttää varsinkaan pitkällä matkalla.

Kumma kyllä ensimmäiseksi ei tuoksumuistini mieleen tule esimerkiksi Aasian yömarkkinat ja erilaisten ruokien ja mausteiden tuoksut kymmenistä wok-pannuista avoimien liekkien yllä. Ajattelen alkukesämme aamun raikasta tuoksua järven rannalla. Toinen muisto on pohjoisitalialainen talviaamu maaseudulla, joka plusasteista huolimatta tuntuu ja tuoksuu pirtsakan kylmältä. Olen maistavinani ja haistavinani samaa pirteyttä ja viileyttä seudun erinomaisissa valkoviineissä mutta siihen ei kyllä nenäni riitä. Tuhosin aikoinani tupakoimalla liian paljon aistejani mutta pikku hiljaa haju- ja makuaistini paranevat, mikä on todella hienoa ja palkitsevaa.

Ollessani vapaaehtoistyössä Cataniassa, Sisiliassa, jouduin tai sain kävellä kalamarkkinoiden läpi joka aamu matkalla töihin. Minulla oli tiukka budjetti tuolloin ja en saanut aivan tarpeeksi ruokaa syödäkseni, ja merenelävät ja kala on parasta ruokaa mitä tiedän. Nautin kumminkin täysin siemauksin kävelemisestä alueen läpi, myyjien huutojen saattelema vaikken pystynyt ostamaan mitään. Tiesin myös että työpaikallani odottaisi aamiainen, vaatimaton mutta aamiainen kumminkin, erinomaista, tuoretta paikallista leipää ja teetä joten olin odottavainen ja onnellinen. Jälkiviisaana myös ajattelen että vähäinen energian saanti kohotti elämän tunnetta. En siis nähnyt nälkää mutta söin todella vähän. Sain käsittääkseni tarpeeksi ravintoa mutta olisin mielelläni syönyt enemmän, varsinkin kun kadullani myytiin ruokaa ja hedelmiä kojuista ja lavoilta, ja ravintoloita oli tiuhaan ja paljon ruokaa oli näytillä. Jouduin kirjaimellisesti puikkelehtimaan ruokakauppojen ja ravintoloiden lävitse kadulla. Oli hieman vaikeaa unohtaa hyvän ruoan olemassaolo.

Kauppahallit ovat hyvä paikka nauttia tuoksujen maailmoista ympäri maailmaa. Useimmiten käyn vain katselemassa ja haistelemassa kaikkea enkä osta mitään, eiväthän kauppahallit ole ainakaan Suomessa mitään halpoja paikkoja. Tosin todella pienellä budjetilla elävä treenikaverini ostaa kalansa kauppahallista ja kehuu kuinka vielä halpaan hintaan kalat käsitellään hänen haluamallaan tavalla.

Barcelonan vanhassa, hienossa kauppahallissa mereneläviä ja kalaa riittää, ja turistit niitä kuvaavatkin kännyköillään ahkerasti. Kannattaa kokeilla syömistä baaritiskin ääressä. Tarjolla on kohtuuhintaisia ja todella hyviä kala-annoksia, myös ostereita saa jokaisesta paikasta. Pieni vinkki; kauppahallin takaosassa on ravintola jossa etupäässä paikalliset syövät, hinta/laatu suhde on kohdillaan. Ruokaehdotuskin minulla on jos värit ovat tärkeitä ruoassa, lautanen joka koostuu pelkästään merenelävistä, on ehdoton ja osterit ovat aina oikein.

Ehkä aikuisena ei voi enää kokea sitä melkeinpä maagista tunnetta jonka koin lapsena, nuorena matkustaessa.

Varmasti tuoksut olivat osa kokonaisuutta, josta magia syntyi.

Olen vakuuttunut siitä että maaginen tunne on korvien välissä tapahtuva asia ja sen kokemiseen riittää J. Karjalaisenkin mukaan tee ja hyvä seura. Todellisuuden todisteleminen todeksi ei ole tärkeää. Oma kokemus ja tunnetila ovat tärkeitä juttuja ja vaikuttavat myös muihin. Amerikkalaiset ovat varmasti oikeassa siinä kun sanovat että kun hymyilet maailma hymyilee sinulle, ja kun haiset ...

Hidas matkustaminen

Hidas matkustaminen on vain yksi tapa matkustaa monien muiden joukossa, se ei ole parempi tapa kuin muut mutta eittämättä sillä on hyvät puolensa. Hiilijalanjälki ei ole välttämättä pienempi. Lainelautailijat sanovat matkustavansa enemmän kuin useimmat muut ja jättävät ison jalanjäljen, vaikka itse surffaus tapahtuu luonnon ehdoilla ja ilman päästöjä. Lainelautailijat ja samankaltaisten lajien harrastajat hakevat tiettyjä olosuhteita ja matkustavat näitten jäljessä ympäri maailmaa ja omassakin maassa bensa palaa. Norjalaiset lautailijat muuttivat oman autonsa toimimaan hampurilaisravintoloissakin käytettävälle ruokaöljylle. Todella älykästä, koska ravintoloiden ei tarvitse maksaa jätteenkäsittelymaksua ja pojat saivat ilmaista polttoainetta ja ympäristökin pääsee vähemmällä.

Omalle itselle ja matkana omaan itseen hidas matkustaminen toimii varmasti paremmin. Viikonlopun aikana tapahtuvan, eurooppalaisen kaupunkiloman, ei varmasti voi olettaa antavan aikaa samankaltaisille kokemuksille, kuin kuukauden mittaisen vaelluksen luonnossa.

Kaupunkiloma kyllä puolustaa paikkaansa ja toimii irtiottona arjesta vaikka stressiä se tuskin lieventää. Yleensä kaupunkilomalla on kiire jo töistä perjantaina lentokentälle, riippuen asuinpaikasta tämäkin vie aikaa vaihtelevasti ja voi pahimmillaan olla jo monen eri matkustustavan yhdistelmä. Matkakohteessa taksi hotelliin ja yleensä elämyksiä kasataan pariin vuorokauteen mahdollisimman paljon. Lisäksi tällaiset irtiotot arjesta mielellään välitetään myös muille sosiaalisen median kautta, monille se on kuin itse ohjattu road movie jossa koko maailma voi seurata jokaista askelta ja ruokalajia joka kulutetaan. Jos postikortin funktio on tehdä kanssaihmiset kateellisiksi, niin toimii sosiaalinen media tässäkin yhteydessä. Mitä se antaa tekijälleen on aivan toinen asia. Luultavasti yhteyden hetkellinen katkaiseminen ulkomaailmaan voisi olla se tärkein juttu nykyihmiselle, kaupunkilomilla se voi olla vaikeaa koska informaatiota on pakko saada nopeasti, sillä aikaa on vähän.

Sitä vastoin vaelluksilla se olisi suositeltavaa. Kun vaelsin Englannista, Canterburysta Italiaan,Roomaan, olin luvannut toimittaa lehtiartikkeleita matkan varrelta. Yksi sponsori halusi tietää olinpaikkani mikä näkyi netissä, kirjoitin blogia, päivitin Facebookia ja kotisivuani jne. Olin oikeastaan työmatkalla ja enemmän sosiaalisessa mediassa kuin tavallisessa elämässä. Jälkeenpäin ajateltuna se ei ollut paras mahdollinen tapa matkustaa mutta oletettavasti en olisi sitä vaellusta pystynyt suorittamaan jos en olisi tehnyt sitä työnä. Ennen omaa matkaani löysin vain yhden kirjan samasta matkasta, ja siinä kirjailija suositteli kännyköiden ja muiden laitteiden jättämistä kotiin vaikka hänkään ei yleensä voinut sitä kirjoittavana ihmisenä tehdä. Suosittelen sitä samaa. Kokemus on varmasti palkitsevaa kunhan pääsee irti vieroitusoireista. Perhe ja tutut kestävät kyllä muutaman päivän ilman yhteydenottoa. Pitkiltä vaelluksilta voi lähettää postikortteja, aivan kuten ennenkin tehtiin ja se toimii edelleenkin. Yksi tuttuni ostaa ja kirjoittaa matkoillaan postikortteja mutta jakaa ne henkilökohtaisesti vasta kotiin tultuaan, todella hyvin oivallettua toimintaa.

Oma turvallisuus kannattaa varmistaa ja siihen kuuluu jonkinlainen tiedottaminen omista liikkeistä. Olin kyllä kiitollinen teknologialle, kännykälle ja siitä löytyvälle erikoisohjelmalle kun raahasin polkupyörääni metsässä vaelluksella enkä tiennyt missä olin. Kun suostuin myöntämään olevani eksyksissä ja laitoin navigointi ohjelman päälle, pystyin heti näkemään missä olin ja missä minun olisi pitänyt olla. Olinhan suunnitellut päivän vaellusreitin etukäteen ja navigointiohjelma pystyi näyttämään suunnittelemani reitin lisäksi Via Francigenan virallisen vaellusreitin selvästi punaisella kartalla, tämä toiminto kyllä ei toiminut kuin osalla matkasta. Tuolloin kiitin modernia tekniikkaa mutta on hyvä muistaa että tekniset apuvälineet ja varsinkaan kännykkä ei toimi kaikkialla. Akun täytyy olla myös ladattu merellä ja metsässä, minulla oli kyllä langaton laturi kaiken varalta...

Erään tarinan mukaan Afrikassa pienestä kylästä toiseen päiväseltään vaeltanut miesryhmä istuskeli pitkään tekemättä mitään naapurikylän raitilla. Kun heiltä kysyttiin, mikä oli hätänä niin he vastasivat odottavansa sielujensa saapumista, matkahan oli mennyt niin nopeasti.

Matkustin kerran kiinalaisen ystäväni kanssa Pohjois-Ruotsista Turkuun opettamaan lajejamme. Lähtiessämme Uumajasta, siellä oli yhtä paljon lunta kuin Rovaniemellä on pahimmillaan lumisena talvena. Vain reilut kaksi tuntia myöhemmin söimme jäätelöä Turun torilla T-paidoissa auringonpaisteessa. Kokemus oli todella epätodellinen.

Hitaasti kiirehtimällä ehdimme henkisesti pysyä mukana ja myös ajatella omia asioitamme – ja mikä parasta – ajatella jotain uutta tai oivaltaa uutta. Rockikonimme Dave Lindholmin mukaan hitaamminkin ehtii perille. Nykyään pystytään jo selittämään, miksi monotoninen liikunta luonnossa on niin hyvää tekevää. Suomalaisille luonnossa liikkuminen tai oleminen on myös tapa saada uutta voimaa ja energiaa ja selventää ajatuksia. Luonto toimii kaikille kansallisuuksille. Lukemattomat ovat ne poliittiset trillerit, jossa poliitikot ovat tavanneet toisiaan ja kävelleet puistossa ratkoen ongelmiaan. Kävely rauhoittaa ja auttaa ajattelemaan.

Hidas ruoka -liike alkoi Italiasta ja siihen kuuluu paikallisen ruoan hitaan kasvatuksen ja valmistamisen lisäksi myös sen hidas nauttiminen.

Matkoilla kannattaa ainakin rauhoittua ja syödä pitkän kaavan mukaan. Tosin valikoiden. Eräs kaverini tuli sisään heitetyksi vaimonsa kanssa Espanjassa lounasaikaan. Heidän mukaansa ruoka oli fantastisen hyvää, mutta puolet koko matkan ruoka/viinibudjetista hävisi myös kertaheitolla. Lounasaikaan voi normaalisti syödä halvalla hyvää paikallista ruokaa useimmissa maissa, myös Suomessa. Matkustaminen ja syöminen ovat nykyään tärkeitä monelle. Eikä vain nykyään, Canterburyn tarinoiden mukaan ruoka ja viini maistuivat jo silloin matkustajille. Eräässä TV-dokumentissa ohjelman juontaja sai maistaa 1300-luvun ruokaa ja hyvää oli.

Hitaasti tutustuminen kävelemällä on mielestäni ainoa tapa saada pieni osa suurkaupungista hallintaansa. Monen suurenkin kaupungin ydinkeskusta ei ole niin suuri mitä kuvittelee ja metron sijasta voi kävellä ja yhtäkkiä kaupunki piirtyykin aivan eri lailla tietoisuuteen ja tulee käsitettäväksi. Tukholma on loistava esimerkki siitä. Kävin siellä usean vuoden ajan työnmerkeissä ja myös yksityisesti enkä saanut kaupunkia hahmotettua vaikka tutkin karttoja ja käytin joskus busseja maanalaisen sijaan ihan oppimistarkoituksessa. Kun aloin kävelemään kaupungilla ja kaupunginosasta toiseen opin enemmän päivässä kuin monen vuoden aikana.

Yksin matkustaminen

Monille pelkkä ajatuskin matkustamisesta ilman seuraa on vastenmielinen ja ehkä pelottavakin. Olisi liian helppo todeta sen olevan asenteesta kiinni. Pitkällä vaelluksellani yksin kaipasin seuraa ja vastuun jakamista päätöksenteossa varsinkin silloin kun en tiennyt mihin suuntaan olisi pitänyt mennä. Valintaa olisi varmasti helpottanut kumppani ja myös kestämään väärän päätöksen aiheuttaman vaivan ja turhautumiset Tunsin itseni yksinäiseksi myös iltaisin ja varsinkin silloin kun tapahtui jotain tavallisuudesta poikkeavaa enkä voinut jakaa kokemusta. Ruokaseuraa kaipasin myös, eritoten silloin kun – sattumalta – sain nauttia erikoisen hyvästä ruoasta. Lounasaikaan matkalla jonnekin satuin saamaan parhaimmat ruokaelämykset, jossain pienessä kylässä tai tievarsiravintolassa.

Yksin matkustamisella on hyvät puolensa. Pystyin valitsemaan oman vaellustahdin ja vaihtelemaan sitä vapaasti. Sain myös itse valita jääväni pitemmäksi aikaa jonnekin ja tutustua lähemmin paikkakuntaan ja levätä. Ei tarvinnut muutenkaan sopeutua ja tehdä kompromisseja mistään ruokapaikoista, levähdyspaikoista, reitin valinnasta jne. Ihmiselle on ominaislaatuista tehdä arkipäiväisistä asioista ongelmia, varsinkin silloin kun oikeita ongelmia ei ole. Mitä syödä tänään tai mitä vaatteita laittaisi päälleen saattavat tuntua vaikeilta päätöksiltä, mutta kun ihminen kohtaa todellisia ongelmia tai haasteita näitä ongelmia ei edes huomaa, ne hoituvat aivan kuin itsestään.

Paras anti yksinolossa oli kumminkin se että olin pakotettu tutkimaan viihtyisinkö itseni kanssa. Olin matkalla yli kaksi kuukautta ja siihen mahtui noin seitsemän päivän jakso, jolloin minulla oli matkaseuraa . Tein matkaa ensin yli kuukauden yksin ja sitten taas loppurutistus yksin. En tavoitellut yksinmatkustamista, kaikki olivat tervetulleita vaeltamaan kanssani, mutta päädyin vaeltamaan yksin suurimman osan ajasta. Jollain lailla oli vaikeampaa jäädä jälleen yksin sen lyhyen jakson jälkeen kun minulla oli ollut matkaseuraa.

Vasta useamman vuoden kuluttua on matkan anti kiteytynyt minulle. Opin luottamaan itseeni ja siihen että pärjäisin yksin joka paikassa ja pystyisin ratkomaan kaikki ongelmat. Olin etukäteen huolestunut myös siitä kuinka jaksaisin olla itseni kanssa niin pitkän ajan. Ranskan osiolle olisin mieluiten halunnut seuraa koska se oli raskain, pisin ja yksinäisin mutta jouduin tekemään sen yksin. Itse asiassa Englanti, Ranska ja Sveitsi meni sooloillen ja vasta Italiassa sain seuraa, missä ehkä yksin matkustaminen olisi ollut helpointa. Muistan ajatelleeni hieman katkerasti etten olisi tarvinnut enää seuraa Italiassa, siitäkään syystä että voisin sitten kirjoittaa vaeltaneeni yksin koko matkan. Näin jälkikäteen olen onnellinen siitä että sain mahdollisuuden kokeilla yhdessä vaeltamista. Minähän sain siis kokea molemmat tavat matkustaa, aikaahan oli riittämiin.

Suomen kielessä ei ole sanaa yksin olemiselle sen positiivisessa merkityksessä, kuten englannin solitude. Länsimaiselle elämäntyylille on ominaista yksin elämisen valitseminen. Minulle selvisi vasta pitkän yksinvaelluksen jälkeen että vaikka viihdynkin yksin, en halua elää yksin. Vakuutuin tästä siitäkin huolimatta etten sanottavammin kärsinyt yksinolosta matkalla. Vaikka minun kokemukseni johti päätökseen että tarvitsemme toisiamme, niin kirjailijan ammatin edellytyksenä on kyky työskennellä yksin. Yksinvaelluksen tuloksena olen oppinut pitämään enemmän työskentelystä omien ajatusten ja ideoitten kanssa. Pidän sitä etuoikeutena. Nautin yksin ja hiljaisuudessa tapahtuvasta työskentelystä. Emme voi olla avoinna maailmalle koko aikaa vaan tarvitsemme omaa aikaa, ainakin minä tarvitsen. On hyvä sulkeutua maailmalta joskus. Sulkeutuminen ja avautuminen on minulle yhtä luonnollista kuin hengittäminen. Joskus kumminkin kirjoittaminen onnistuu parhaiten kahvilan hälinässä. Parhaat oivallukseni olen tehnyt matkustaessa. Junassa tai lentokoneessa ei voi keitellä kahvia, siivota tai tehdä jotain muuta.

Kaikilla on omat ongelmansa mutta parhaimmillaan hidas vaeltaminen yksin voi auttaa pohdiskeluissa. Kyseenalaistin kyllä itsekin usein vaelluksen aikana koko projektin mielekkyyden. Minulla oli kumminkin ihan käytännöllinen syy tehdä vaellus. Minua pyydettiin vetämään vaelluksia Italiassa Via Francigenaa pitkin, siis lyhyempiä pätkiä, muutamasta päivästä viikkoon. Minulla oli aivan sattumalta sellainen elämäntilanne, että aikaa oli ja rahaakin, ja päätin tutustua koko reittiin.

Kaikesta huolimatta en aina jaksanut nähdä matkaa järkevänä tekona. Vasta nyt vuosien jälkeen kun kirjoitan siitä ja valokuvanäyttelyni vaelluksella ottamistani kuvista matkaa ympäri Suomea, alkaa vaellus todella merkitä enemmän. Ehkä aika on osaksi kullannut muistot mutta uskon enemmän siihen että vasta nyt osaan arvostaa kokemustani. Se tuntuu antavan potkua arkielämässä, varsinkin silloin kun on kysymys uskalluksesta tehdä valintoja. Valintojahan on pakko tehdä, tekemättä jättäminen on jo valinta. Olen myös lukenut että muillakin vaeltajilla on ollut samankaltaisia kokemuksia siitä että matkan anti on paljastunut vasta vuosien päästä.

Kuvittelen ainakin että kaikille ihmisille tekisi hyvää kokeilla yksin matkustamista mieluiten ilman jatkuvaa kontaktia ulkomaailman kanssa. Enemmän zeniläisittäin voisi asian ilmaista niin että ykseyden kokemus voi tapahtua yksinkin. Maisemat vaihtuvat mutta pysymme rauhallisina ja luottavaisina emmekä pelkää muutoksia, emmekä huolehdi huomisesta. Keskitymme vain matkan tekoon, seuraavaan askeleeseen tai polkaisuun.

Eksymisen, reitin muutoksen ja epäonnistumisen filosofia

Eksymällä tai reitin muutosten takia olen löytänyt mielenkiintoisimmat paikat ja kokenut omalaatuisimmat elämykset. Ranskassa, lähellä Sveitsin rajaa, viiletin polkupyörällä alas monen kilometrin ajan mäkeä alas kun polkupyöräni kumi puhkesi. Vähintäänkin ärtyneenä talutin loppuosan alamäestä pyörääni kiroillen huonoa onneani. Miksi rengasrikko juuri alamäessä kun ilmakin oli kaunis ja oli mahtavaa vain lasketella alas vuoren rinnettä ja nauttia auringon lämmöstä, vauhdista, upeista maisemista ja vain antaa mennä ilman omaa ponnistelua. Tällaista tuttua rataa ajatukset kiersivät kehää päässäni. Saavuin lopulta pieneen kylään ja kylän laitamilla oli isohko, hyvin varusteltu kauppa josta löysin kaikki mitä tarvitsin. Olin vähän vihainen itselleni etten ollut ostanut mukaan pakollisia varasisuskumeja kun pari päivää aikaisemmin olin vaihtanut sekä ulko- että sisärenkaan. Kaupan pihalla aloin korjata pyörääni ja mielialani vaihtui positiivisemmaksi, onnittelin jopa itseäni hyvästä tuurista että kauppa löytyi niin nopeasti. Venttiili osoittautui kumminkin vääräksi pyörääni. Minun ranskalainen venttiilimallini salli kovemmat paineet mutta vanteessa oleva reikä ei sallinut toisenlaista venttiiliä mitä taas kaupasta ei löytynyt, ei ollut muuta tehtävää kuin lähteä työntelemään pyörää eteenpäin. Kylän keskustasta löysin pyöräkorjaamon ja jätin pyörän sinne koska jarruissa oli myös hieman säädettävää. Olin vuoristoalueella ja tarvitsisin hyväkuntoisia jarruja jatkossa. Pyöräkorjaamo lupasi korjata pyöräni parissa tunnissa mutta en ehtisi enää jatkaa matkaa samana päivänä valoisan aikana, joten lähdin etsimään yöpaikkaa. Löysin halvan hotellin kylän keskustasta ja lähdin tutustumaan paikkoihin. Kylä oli aivan ihastuttava, ja koska olin pyöräillyt vain noin 3-4 tuntia, minulla oli paljon energiaa katsastella paikkoja ja valokuvata pittoreskia kylää. Kylän lävitse virtasi joki ja useampi silta yhdisti kylän molemmat puolet. Silloilta katsottuna talot olivat kuin osaksi joen päälle rakennettuja.

Valokuvattuani istahdin torin laidalla olevan kahvilan ulkoterassille. Siinä laiskasti olutta juoden ja nauttien levosta ja lämmöstä katseeni kiinnittyi veistokseen vastapäätä kahvilaa, Maksettuani valokuvasin veistosta ja luin sitten kyltistä kuka sen oli tehnyt. Silloin ymmärsin että olin yhden suosikki maalarini, kuuluisan ranskalaisen taidemaalarin Gustave Coubertin kotikaupungissa Ornansissa. Olen aina pitänyt tarinaa, oikeastaan totuutta hänen tyylistään kiehtovana. Häntä pidettiin vallankumouksellisena koska hän teki suuria tauluja tavallisista ihmisistä. Suureet koot olivat olleet siihen mennessä varattuja kuninkaallisille, aatelisille ja raamatun hahmoille. Hautajaiset Ornansissa on yksi tunnetuimmista maalauksista, jossa kylän omat asukkaat olivat malleina. Ensin asukkaat olivat ylpeitä saadessaan olla malleina mutta kun maalausta myöhemmin paheksuttiin yleisesti, tunteet muuttuivat. Nykyään hänellä on museo kaupungissa ja hänen maineensa lienee tahraton, koska hänen kuolemastaan on jo aikaa. Sama taiteilija synnytti lisää skandaaleja erootisella taiteellaan, Maailman syntyperä, yksi hänen alaston tutkielmistaan olisi vieläkin liikaa Youtubessa tai Facebookissa koska siinä on vain alastoman naisen keho, ei kasvoja ja sukupuolielimet ovat maalauksen keskustassa.

Tutustuin Courbetin museoon seuraavana päivänä mutta jatkoin matkaa museossa käynnin jälkeen. Hänen museonsa on kirjaimellisesti joen päällä. Museossa vierailija saa kävellä pois lähtiessään lasitetulla lattialla, alla näkyy voimakkaasti virtaava joki, sopivasti jännittävää, melkein pelottavaa. Sain vielä nautittavan pyörämatkan tietä pitkin joka seurasi jokea, laakson pohjalla isojen vuorten kylpiessä auringonvalossa aivan vieressä. Ajattelin että Ernest Heminway olisi mielellään perhostellut puitten siimeksessä joen rannalla, muutama hyvä valkoviinipullo jäähtymässä joen viileässä vedessä joka virtasi vuoristosta.

Ylläkuvattu oli ehkä enemmän epäonnea kuin eksymistä joka muuttui epäonnistumisesta ainutlaatuiseksi kokemukseksi. Puhdas eksyminen Apenniineilla johdatti minut satumaiseen maisemaan. Bolognasta lähdön jälkeen kipusin taas vuoristoon ja siellä puolikuolleena väsymyksestä eksyin reitiltä. Korkealla vuoristossa oli vihreitä, polveilevia laaksoja kuin suoraan softatuista mainoskuvista ja niiden takana häämötti lisää vielä korkeampia vuoria. En oikein osannut nauttia erikoisen kauniista, jopa epätodellisen tuntuisesta ympäristöstä koska olin huolissani yöpaikan löytämisestä, ylipäätään reitin löytämisestä. Tiesin etten voinut olla kovin kaukana reitiltä ja levon jälkeen poikkeama ei varmasti haittaisi ollenkaan. Näissä aatoksissa tulin pieneen kylään ja kyltistä luin kylän nimen, Loiano. Paikallisessa kahvilassa sain apua yöpaikan järjestämisessä. Hotelli, Palazzo Loup oli noin kolme kilometriä Loianon kylän ulkopuolella. Ehdin juuri ennen pimeän tuloa majapaikkaani, vanhaan ja rustiikkiin rakennukseen. Onnekseni paikka oli juuri saanut kasvojen kohotuksen ja uudet asiakkaat eivät olleet entisöinnin ja SPA puolen rakentamisen jälkeen vielä löytäneet sinne. Hinnat olivat siitä syystä kohtuulliset ja henkilökunta oli innostunut palvelemaan. Hotellissa oli päivällä konferenssivieraita mutta illalla ravintolassa oli syömässä vain minä ja kaksi katolista pappia. Aamulla tein pitkän kävelyretken ja valokuvasin uskomattoman kaunista luontoa. Sain hyvää italialaista ruokaa ja viiniä hotellissa joten kokemukseni täytyi olla tosi. Innostuin paikasta niin paljon että sovin henkilökunnan kanssa peruspaketit ryhmille jos haluaisin tuoda turistiryhmiä sinne treenaamaan ja vaeltamaan.

Yksi kommellus sattui sen viikon aikana jolloin minulla oli matkaseuraa. Yksi matkaseuralaisista väsähti päivän aikana ja emme ehtineet suunniteltuun yöpaikkaan ennen pimeän tuloa. Onneksi yksi ryhmästämme puhui täydellistä italiaa ja menimme tienvarsikahvilaan järjestelemään tilannetta. Peruutimme varauksemme ja italiankielen taitoinen Jaana jutteli juttelemistaan rouvan kanssa joka omisti kahvilan. Me muut aloimme jo vähän huolestua yöpymisemme suhteen kun saimme vihdoin Jaanan raportin. Kahvilan emäntä oli naimisissa viereisen pikkukaupungin, Orio Littan pormestarin kanssa ja he olivat järjestäneet asian niin että pormestari odottaisi meitä kaupungissa ja saisimme yöpyä kaupungintalossa ilmaiseksi. Matka Orio Littaan kesti vain kymmenen minuuttia ja siellä odotti pormestari ja paikalla olivat kaikki paikallisessa kahvilassa aperitiivillä istuneet miehet. Saimme todella oikeat aploodit saapuessamme. Pormestari oli myös mitä hyväsydämisin ihminen. Tämä ei todellakaan kuulunut tavalliseen kohtaamiseen ja kohteluun mikä minua odotti uusissa paikoissa.

Maanviljelijät suhtautuivat vaeltajiin usein vihamielisesti ja päästivät joskus koirat irti nähdessään vaeltajan, tosin kävelijät olivat huonommassa huudossa kuin pyöräilijät. Polkupyörällä ei vain yksinkertaisesti pysty ajamaan pellolla, vaikka sinnekin eksyin, liejuiselle sellaiselle. Majapaikkojen omistajat valittivat lisäksi että vaeltajat odottavat etuisuuksia, alennuksia tai ilmaista yöpymistä.

Kun olimme peseytyneet ja saaneet tavaramme yöksi kaupungintaloon pormestari vei meidät pieneen, viihtyisään majataloon syömään. Hän osoittautui innokkaaksi polkupyöräilijäksi ja lupasi pitää meille seuraa ja näyttää paikkoja kotikaupunkinsa läheisyydessä. Lisäksi hän pystyi neuvomaan meille mielenkiintoisimman reitin seuraavaan kaupunkiin, Piacenzaan. Tein hänestä videohaastattelun seuraavana aamuna ja sain kaupungin viirin lahjana kaupungilta.

Kaupungintalossa tapasin myös kaksi muuta vaeltajaa, englantilaisen pariskunnan, jotka vaelsivat Via Francigenaa pitkin kuten minäkin. Heillä oli koira mukanaan ja koiralla oli ongelmia tassujensa kanssa. Olin lukenut ennen vaellusta että koirat eivät kestä pitkiä vaelluksia ja olin hymähtänyt tiedolle. Luulin että koirat kestävät leikiten sen mitä ihminen kantamuksineen mutta näin ei ole. Lisäksi kannattaa muistaa että paikallisilla koirilla on kotikenttäetu joten koiran mukaan ottaminen ei ole aivan riskitöntä.

Herätessämme englantilainen pariskunta oli jo lähtenyt ja jättänyt pöydälle lapun hyvänonnen toivotuksineen. Siivosimme jälkemme tarkkaan ja koska mutaiset pyörämme olivat olleet kaupungintalon eteisessä säilössä siivoamista riitti. Olimme eksyneet metsään ja pellolle edellisenä päivänä joten polkupyörämme olivat surkeassa kunnossa. Pormestari pyöräili kanssamme seuraavana päivänä ja näytti meille historiallisia paikkoja joissa vaeltajat keskiajalta lähtien olivat ylittäneet joen, lepäilleet jne. Oli mukavaa vaihtelua pyöräillä neljän hengen ryhmässä yli kuukauden yksimatkustamisen jälkeen. Seurasimme Po jokea ja reittimme kulki joen penkereellä ja salli rinnakkain pyöräilyn, joten pystyimme vaihtelemaan ajojärjestystä ja juttelemaan keskenämme. Noin puoliltapäivin pormestari kääntyi kotiaan kohden ja me jatkoimme vielä tunnin lähimpään kaupunkiin, Piacenzaan jossa, minulle poikkeuksellisesti, söimme kunnon lounaan kaikessa rauhassa viihtyisässä trattoriassa keskellä kaupunkia. Katselin viereisen pöydän miesseuruetta joilla oli kilpapyöräilijöiden tamineet päällä mutta he olivat ilmeisesti tehneet päivän urakan ja nyt söivät, joivat viiniä ja pitivät hauskaa. Vierailimme vielä keskiaikaisessa juhlassa samassa kaupungissa ja tapasimme siellä pyöräilijän joka tarjoili lämmitettyä viiniä ja todisteli meille että Via Francigena kulki aivan eri reittiä aikaisemmin mitä me luulimme. Otimme kohteliaasti vastaan informaation emmekä väitelleet. Luullakseni kukaan meistä ei oikeastaan pitänyt historiallisen reitin paikkaansa pitävyyttä tärkeimpänä omalle matkalleen. Tosin oli mielenkiintoista jutella hänen kanssaan. Keskiaikaisen reseptin mukaan tehty, lämmitetty viini, maistui myös erinomaiselta ja jatkoimme matkaamme katseltuamme upean paraatin jossa kaikki osanottajat olivat pukeutuneet keskiaikaisiin vaatteisiin.

Nämä reitinmuutokset, epäonnistumiset ja eksymiset olivat vain muutama valinta monista, jotka johtivat mitä erilaisimpiin ja mielenkiintoisimpiin asioihin. Uskon, että jatkoin matkaani vähemmän huolestuneena siitä että eksyisin tai epäonnistuisin jatkossa.

Ykseys-yksinäisyys

Kappaleessa yksinmatkustamisessa sivuttiinkin jo ykseyden teemaa. Voimme tuntea ykseyttä muiden ihmisten kanssa niin kuin myös luonnon ja muun ympäristömme kanssa vaikka olisimmekin yksin. Pitkällä vaelluksellani lähdin pienestä pohjoisranskalaisesta kaupungista aikaisin aamulla. Kaupunki oli rappeutumassa ja autioitumassa, koska kaivosteollisuus oli jo historiaa paikkakunnalla. En löytänyt yhtään avointa kahvilaa ja lähdin matkaan kylmissäni ja ikävä yksinäisyyden ja epävarmuuden, heikkoudenkin tunne jäyti mielessäni ja vatsanpohjassani. Kirosin spontaania suhtautumistani asioihin ja nopeita päätöksiäni joista yhden takia olin tässä tilanteessa, en ollut edellisenä päivänä tarkistanut missä voisin syödä aamiaista tai vaihtoehtoisesti ostanut kaupasta syömistä aamuksi. Tunsin itseni todella pieneksi ja surkeaksi olioksi, aivan yksin maailmassa.

Kehon oma liike muunsi tämän tunteen todella lyhyessä ajassa joksikin muuksi. Puoli tuntia poljettuani tulin pyökkimetsään ja endorfiinit alkoivat virrata ja kylmästä jäykät jäsenet vertyivät. Yksinäisyys, kylmyys ja surkeus vaihtui lämmöksi, turvallisuuden tunteeksi, iloksi, varmuudeksi, jopa riemuksi. Nautin niistä tunteista ja liikkumisestani kauniin luonnon keskellä. Tunsin itseni onnelliseksi ja yhteyden, ykseyden tunne oli vahva. Aamiainenkin järjestyi noin tunnin polkemisen jälkeen.

No, tämäkään tunne ei kestänyt koko päivää, muutaman nautinnollisen tunnin pyöräilyn jälkeen pitkät nousut pakottivat minut taluttamaan pyörääni ja seuraavan kolmen tunnin aikana en ollut edennyt kuin pienen osan suunnittelemastani päivämatkasta. Joka päivä ei ollut tällaista tunteiden vuoristo rataa mutta niitä oli.

Samana päivänä sain kokea jälleen helpon jakson, jolloin matkanteko sujui kevyesti. Pari tuntia ennen päivän urakan loppua ja yöpymispaikkaan saapumista sain kokea jälleen mukavaa matkantekoa. Arkielämässä ylä- ja alamäet eivät ehkä vaihtele näin nopeasti, rytmitys on toinen mutta kaikilla on omat mäkensä, ei vain mäkimiehillä.

Olemme loppujen lopuksi yksinäisiä mäkimiehiä kaikki. Voimme yrittää hukuttaa faktaa, työntekoon, harrasteisiin, alkoholiin mutta fakta on ja pysyy. Se on yhtä järkähtämätön tosiasia kuin Emil Durkheimin, kuuluisan sosiologin aksiooma: itsemurha on sosiaalinen fakta. Meidän on hyväksyttävä faktat, yksinäisyys, elämän rajallisuus, kuolemakin. Hyväksymisen jälkeen voimme kokea aitoa ykseyttä ja kanssakäymistä muiden ihmisten kanssa. Kamppailulajeissa oli aikoinaan tärkeää elää niin että oli valmistautunut kuolemaan. Astrid Lindgren mukaan "Pitää elää niin että on valmis kuolemaan, luulen ma, trallalallalaa".

Suunnittelu - suunnittelemattomuus

Oman lukunsa muodostavat chartermatkat missä kaikki on jo hoidettu mutta muissa matkustamisen muodoissa valintoja täytyy tehdä. Suunnitellaanko esimerkiksi omalla autolla tehty matka tai vaellus niin että kaikki yöpymiset varataan etukäteen vai luotetaanko siihen että yöpaikka löytyy tarvittaessa. Matkustan itse useimmiten korkeasesonkien ulkopuolella joten valinnanmahdollisuus yleensä on, korkeasesonkien aikana ei varmastikaan kannata jättää varaamista viime hetkeen.

Lueskelin lehteä vastaanottotiskin läheisyydessä Etelä-Englannissa New Forestin alueella sijaitsevassa Burleyn kylässä 2015 elokuussa. Kuulin kun yöpaikkaa hakeva pariskunta sai vastauksen että paikka oli täyteen varattu viikoiksi eteenpäin ja niin olivat paikkakunnan muutkin yöpymispaikat tasosta riippumatta, rahallakaan ei siis voinut tilannetta korjata. Alue on kyllä mielenkiintoinen koska hevoset, lehmät, lampaat ja härät kulkevat vapaasti isolla alueella, myös teillä ja kylien kaduilla. Burleyn kylä on tunnettu myös noidistaan. Alueen merenranta on Englannin suosituin lomailuseutu, suomalaiset eivät käsittääkseni ole löytäneet aluetta vielä.

Spontaani matkustaminen pitää mielen avoimempana. Ei tarvitse keskittyä perille ehtimiseen vaan päätöksen pysähtymisestä voi tehdä tilanteen mukaan. Kyllähän yöpaikan etsiminen väsyneenä voi olla myös hyvin stressaavaa. Valinta kannattaa tehdä omista lähtökohdista. Itse matkustan mieluiten ilman pikkutarkkaa suunnittelua. Tästä suunnnittelemattomuudesta sain kärsiä pyörämatkallani läpi Euroopan 2012. Kun päätin pysähtyä yöksi ja kirjauduin sisään myöhään iltapäivällä oli huone lämmin – parhaassa tapauksessa – lähtiessäni matkaan seuraavana aamuna. Useimmiten lämpöä ei ollut aamullakaan.

Tapasin pitkällä vaelluksellani muita Via Francigenaa matkaavia vain kaksi kertaa. Yksin apostolin kyydillä matkaavan itävaltalaisen miehen tapasin aikaisin aamulla jäisellä tiellä Italiassa noin 10 kilometriä San Quirico d`Orcian eteläpuolella. Emme pystyneet keskustelemaan kauan aikaa koska me molemmat tarvitsimme liikettä pysyäksemme lämpiminä. Hän ehti kertoa ettei hän ollut päässyt pois hotellihuoneestaan kylmyyden takia. Hänellä ei ollut makuupussia mukanaan ja hän paleli öisin ja sormet eivät näin ollen toimineet normaalisti, avain ei suostunut vääntymään lukossa. Minä pystyin makuupussissani pysymään lämpimänä, ainoa ikävä puoli oli etten voinut liikkua vapaasti huoneessa vaan minun piti olla koko ajan makuupussissa jos halusin pysyä lämpimänä. Makuupussi kannattaa aina ottaa mukaan vaelluksille, riippumatta siitä onko tarkoitus nukkua teltassa, hostelleissa tai hotelleissa.

Ravintolan opin valitsemaan lämpötilan mukaan niin että kylmät jäivät pois laskuista. Yhtenä erikoisen kylmänä ja sateisena aamuna poikkesin kahville lämmittelemään Monteriggionessa, Sienan pohjoispuolella, vasta tilattuani huomasin että paikalliset asukkaat jotka olivat paikalla, istuivat tai seisoskelivat toppatakeissaan, minulla oli vain kuorivaatteet. Join nopeasti kahvini ja jatkoin kylmissäni ja pettyneenä matkaani. Pian löysin ravintolan jossa istui paikallisia työmiehiä. Paikka oli todella lämmin ja kodikas. Ruoka oli erinomaista ja söin pitkän kaavan mukaan, join myös poikkeuksellisesti enemmän kuin lasin viiniä ja nautin lämmöstä ja ruoasta. Itse asiassa se on yksi parhaimmista ruokamuistoistani koskaan, lämpö oli varmasti yksi syy siihen. Loppupäivästä en enää palellut, koska energiaa oli riittävästi ja ulkolämpötila nousi aina iltapäivällä useammalla asteella. Ravintoloita en valinnut etukäteen koskaan ja se ei kyllä vaelluksilla kannata. Se veisi aivan liian paljon aikaa. Kokonaan toinen asia on jos kohteena on esimerkiksi viinitilat. Silloin suunnittelu auttaa. On miellyttävää pyörillä kohtuullinen päivämatka jos tietää että perillä odottaa hyvä päivällinen, viininmaistiaiset ja pehmeä sänky. Nykyisin monet valitsevat vaellusmuodon jossa tilataan matkatavaroiden kuljetuspalvelu. Vaeltajat voivat liikkua ilman kantamuksia, ne viedään valmiiksi hotelliin. Varsinkin vanhemmille tai huonokuntoisille todella hyvä vaihtoehto, tietysti palvelu on maksullinen.

Hyvä suunnittelu on myös tarpeen jos on kysymyksessä gourmet matka eri ravintoloihin. Euroopassa myös maaseudulla sijaitsevat hyvämaineiset ravintolat saattavat tarvita varauksen jopa kuukausia etukäteen.

Oma teltta, spriikeitin ja makuupussi mahdollistavat tavallaan suurimman vapauden ja halvimman tavan matkustaa, ongelmana tietysti paino ja tietty epämukavuus. Ulkona valmistettu ruoka maistuu aina hyvältä ja minä arvostan sitä että saan ruoan jälkeen heittäytyä pitkäkseni ja ottaa nokoset, fyysisesti raskaalla vaelluksella tärkeää ja se ei onnistu ravintoloissa, njaa, Tukholmassa on vegetaarinen ravintola jonka pihalla on jopa kaksinmaattavia riippumattoja.

Joskus ei edes suunnittelu hyvissä ajoin auta. Tätä kirjoittaessa olen yrittänyt saada B&B majoitusta Englannista treenimatkaa varten kuukausia. Haluaisin asua lähellä paikkaa missä harjoittelemme niin ettei minun tarvitsisi vuokrata autoa. Vaikka voin valita ajankohdan ei asia etene. Tottakai, maksamalla enemmän kuin suomalaisesta hotellihuoneesta onnistun mutta yritän saada kohtuuhintaista paikkaa. Ehkä seuraavassa elämässä voin vain pyytää sihteeriäni varaamaan huoneen sieltä ja sieltä, silloin ja silloin, kiitos.

Kuinka löytää hyvät ravintolat matkoilla

Vastaus otsikon kysymykseen on ettei niitä löydäkään, ehkä ne löytävät hakijan? Vanha nyrkkisääntöhän on turistipaikoissa että mene sinne missä on paikallisia. Santorinin saarella 2010 menin saapumisiltana hotellin viereiseen ravintolaan syömään, koska kello oli jo paljon ja useimmat ravintolat olivat sulkeneet ovensa. Paikassa oli neonvaloputket katossa ilman mitään suojaa ja valo oli räikeä. Omistajat olivat kumminkin sydämellisiä ihmisiä ja viikon vierailun jälkeen selvisi, että paikan ruoka oli ehdottomasti saaren parasta, puhumattakaan hinta-laatu-suhteesta. Pidän kyllä romanttisista paikoista, joissa on ruudulliset pöytäliinat ja kynttilät mutta pääsääntöisesti epäviihtyisän näköiset paikat ovat parempia ja halvempia.

Vuonna 2013 talvella olin lasteni ja heidän partnereitten kanssa Milanossa. Meitä oli yhdeksän henkeä ja kun etsimme lounaspaikkaa mihin mahtuisimme syömään saman pöydän ääreen, ehdotin aivan hotellin nurkan takaa löytyvää pientä vaatimatonta ravintolaa jonne sopisimme kaikki. Ravintola oli Via Domenico Scarlattin varrella, Al Buon Umore. Pääruoista useimmat maksoivat alle viisi euroa ja viini muutaman euron litra. Halpa viini oli hyvin jäähdytettyä ja maistui neutraalilta. Ruokalista oli vain italiaksi, henkilökunta ei puhunut englantia, mutta ruoka oli harvinaisen hyvää. Henkilökunta liitti pikkupöytiä yhteen niin että saimme istua yhdessä ja tilaisuudesta jäi hieno muisto. Olimme pitkästä aikaa yhdessä ja loma vielä edessäpäin. Myöhemmin nuorimman tyttäreni mies kertoi meille että ravintola oli saanut maininnan Michelinin oppaassa, ei siis tähteä vaan maininnan. Olin ennen tapaamistamme kysynyt Milanolaiselta treenikaveriltani mitä ruokapaikkoja hän ehdottaisi perheelleni. Hänen suosittelemansa paikat eivät ikävä kyllä oikein vastanneet odotuksiamme. Se oli kyllä yllättävää koska luotan paikallisten tuntemukseen ja yhteen paikkaan hän käski minun kertoa terveiset häneltä joten olin odottanut jotain vähän tavallista parempaa.

Usein paikallisissa ravintoloissa ei ole edes kylttiä mikä osoittaisi että sieltä löytyy ravintola. Gardajärven läheisyydessä on ravintola jota eivät edes taksikuskit aina löydä. Kaupungin ulkopuolella on tien varrella muuri, muuta asutusta ei ole. Mistään ei käy selville mitä muurin takana on, mutta kun avaa oven, sisällä on kuumeinen toiminta, kokonaisia ruhoja grillataan tulen yllä. Paikka on aivan täynnä ja kun odottamisen jälkeen tulee ohjatuksi pöytään, talon halpaa punaviiniä lyödään pullo pöytään ja on aika valita syömiset ja juomiset. Turisteja ei näy ja tunnelma on lämmin, asiakkaat puhuvat äänekkäästi ja tarjoilijat kiiruhtavat tilausten kanssa, siis joltisen kliseemäinen kuva italialaisesta ravintolasta. Paikan nimi on trattoria Cascina. Se ei ole, ikävä kyllä, sopivan kävelymatkan päässä kaupungista mutta autolla tai polkupyörällä trattoriaan ei ole pitkä matka, kannattaa muistaa että pimeässä on vaikea löytää takaisin ja Italiassa ovat kesäyötkin pimeitä. Sveitsissä olen Luzernin kaupungissa aboriginaalin kanssa vieraillut yhtä hyvin salatussa ravintolassa, sivukadulla, sisäänkäynti sisäpihan perältä. Siellä en tosin syönyt koska minulle haluttiin vain näyttää yksi parhaimmista ruokapaikoista.

Minun on varmasti nyt tehtävä poikkeus ja paljastettava mainitsemieni ravintoloiden lisäksi muutama muu suosikkipaikkani. Treenikaverini ja myös opettajani Carlo Andrei omistaa veljensä kanssa hyvän ravintolan Desenzanossa, Gardajärven suurimmassa kaupungissa. Ravintolan nimi on Colomba, mikä on myös italialaisen pääsiäiskakun nimi. Ehdotan kertoa terveisiä minulta ja tilauksena spagettia merenelävien kanssa, spagetti with seafood. Voin taata halvalla erinomaista ruokaa. Ravintola ei ole muuten mikään halppis paikka vaikka pizzojen hinnat ovat ok. Ainakin kesäisin voi mielellään istua ulkona ja katsella veneitä jotka kelluvat aivan ravintolapöytien läheisyydessä.

Garda järven itärannalla Cisano nimisen paikan korkeudella on ravintola tien oikealla puolella ja pöydät tien vasemmalla puolella puolella ja kyllä, tarjoilijat ylittävät aika vilkkaasti liikennöidyn tien joka kerta tarjoillessaan. En muista paikan nimeä mutta se löytyy varmasti. Päivän lounas on ehdoton valinta. Järvinäköala tulee kaupan päälle.

Italialaisten keskuudessa on suosittua pyöräillä järven ympäri mutta en suosittelisi sitä. Pyöräilin kerran heinäkuussa kokeeksi länsirantaa pitkin kymmenkunta kilometriä ja turistiopaskirjat olivat oikeassa. Niiden mukaan jos uskaltaa pyöräillä Garda järven länsirannikolla korkeasesongin aikaan, ei pelkää enää mitään elämässään sen jälkeen. Tie on kapea, asuntovaunujen ja asuntoautojen jono on katkeamaton ja jos horjahdat vähän, horjahdat viimeistä kertaa.

Hintataso on Gardajärvellä korkea mutta Desenzanon ainoassa ostoskeskuksessa, Centro Commerciale de Vele saa sushia ja kiinalaista ruokaa halvalla. Jos kestää metelin niin liukuhihnalta saa syödä mielin määrin sushi annoksia erivärisissä, siis erihintaisissa astioissa ja niitä tulee koko ajan uusia ja toinen toistaan jännittävimpiä. Lounasaikaan kaikki samaan hintaan, noin kymmenellä eurolla. Tarjolla on myös kiinalaisia ruokalajeja ja jälkiruokaa ja hedelmiä. Kaikki on korkeatasoista, ällistyttävän korkeatasoista hintaan verrattuna. Nämä kolme ravintolaa ovat toimineet ainakin vuoteen 2016 saakka muttei luonnollisesti mitään takuita ole että taso ja omistajat pysyvät aina samoina. Sehän tekee ravintoloiden suosittelemisen vaikeaksi.

Ravintoloissa kannatta muistaa yksi sääntö, syö mitä haluat. Suomessa ilmestyneen italialaisen ruokaoppaan tekijällä kesti kymmenen vuotta ennen kuin hän tajusi ettei kaikkia ruokalajeja tarvitse sisällyttää ruokailuun. Ei ole etikettivirhe syödä juuri sitä mitä haluaa ja niin paljon kuin haluaa. Olen kyllä itsekin ahtanut kaikkea antipastoista lähtien jälkiruokiin ja voinut melkein huonosti. Jo aperon, siis aperitiivin, kanssa voi pöytään tulla mansikoita, pasteijoita ja leipää.

Ruokamuistelujen tiellä kun ollaan niin mainittakoon että kaksi parasta ruokakokemustani ovat ja pysyvät vastapyydetyn tuoreen kalan ja uusien perunoiden nauttiminen Suomessa. Yhdellä näistä kerroista minulla oli onnea saada ravintola laittamaan omin käsin pyydystämäni kala.

Suurin ero ravintola ja ruokakulttuurissa pohjoismaiden ja keski- ja eteläeuroopan välillä on se että hyvän ravintolan tai raaka-aineen perässä ollaan muualla valmiita matkustamaan pitkiäkin matkoja. Seuraamani ranskan kielen kurssilla, nuori mies noin 25 vuotias selittää että on aivan normaalia hänelle ajaa autolla yli tunti molempiin suuntiin hankkiakseen kana kavereitten kanssa vietettävään kosteaan iltaan. Hän kummasteli pohjoismaalaisen haastattelijan kysymystä oliko se vaivan arvoista, totta kai oli! Minulle itselleni asia selvisi kun väsyneenä saavuin Sveitsiin ja isäntäväki kyseli jaksaisinko lähteä ulos, ravintolaan syömään. Ravintolassa käyminen tarkoitti puolentoista tunnin ajomatkaa yhteen suuntaan...

Kerroin eräälle sveitsiläiselle pariskunnalle että heidän elämäntyyliään pidettäisiin outona Suomessa. Heillä oli molemmilla vaativa ammatti ja hyvät tulot, molempien tulot ylittivät 8000 euroa kuussa. He käyttivät kaiken ravintoloissa syömiseen ja juomiseen. Kun kysyin mikseivät he säästä osaa niin vastaus oli että he vain käyttäisivät säästöt syömiseen ja juomiseen.

Vapaaehtoistyö – yksi mahdollisuus nähdä maailmaa

Edellytyksenä vapaaehtoistyön parissa matkustamiseen on riittävä aika, yleensä vähintään kolme viikkoa mutta varmasti lyhyemmistäkin ajanjaksoista voi sopia. Pääosin nuoriso käyttää tätä mahdollisuutta mutta enenevässä määrin myös keski-ikäiset, eläkeläiset ja pitkäaikaistyöttömät. Motiivina voi olla muukin kuin matkustaminen, esim. tutustuminen ja työtilaisuuksien kartoittaminen uudessa maassa koska kotimaa ei enää voi tarjota työpaikkaa. Jotkut avoimesti myöntävätkin hakevansa "oikeita" töitä jo vapaaehtoistyöpaikassa tai sanovat haluavansa jäädä kunnon töihin.

Parhaimmillaan vapaaehtoistyö voi olla ainutlaatuinen tapa matkustaa ja tutustua vieraisiin maihin ja kulttuureihin, pahimmillaan se on törkeää hyväksikäyttöä puolin ja toisin. Sopimuskohtaisesti tiettyä tuntimäärää vastaan saa asunnon ja osan aterioista- Isäntäväen pitäisi myös suostua kanssakäymiseen vapaaehtoistyöntekijän kanssa. Kysymys ei saisi olla halvan työvoiman hyväksikäytöstä.

Itselläni on ollut vapaaehtoistyöntekijänä erityyppisiä kokemuksia. Käytin organisaatiota nimeltään "Workaway", mihin työtä hakevat maksavat kohtuullisen maksun ja työnantajat voivat rekisteröityä ilmaiseksi. Toscanassa minun piti poimia viininmarjoja ja oliiveja mutta siellä ei kasvanut marjan marjaa, syynä oli osaksi sää, osaksi isäntäväen saamattomuus ja osaamattomuus . Työ oli sitten pääasiassa talossa asuvan miehen viihdyttämistä sillä aikaa kun hänen vaimonsa oli työmatkalla. Paikalla olleen australialaisen, toisen vapaaehtoistyöntekijän kanssa laitoimme tilaa vähän parempaan kuntoon, karsimme oliivipuita ja iltapäivisin ajelimme minun autollani ympäri Toscanaa. Australialainen kaveri, Chris, oli maksanut paljon rahaa päästäkseen tutustumaan pienimuotoiseen viininvalmistukseen mitä sitten ei löytynytkään. Hän oli ammattimainen viinimarjojen kasvattaja, ei siis viinin valmistaja. Ei liene vaikea arvata ettei hän ollut tyytyväinen, hänen sanojensa mukaan se oli hänen viimeinen matka Eurooppaan. Molemmat lähdimme ennen aikojamme pois tilalta. Minä menin Sisiliaan pesemään vessoja hostelliin, ja Chris matkusti Helsinkiin ja asui kaupungin parhaassa hotellissa ja tutustui pääkaupunkiimme. Toivottavasti hänellä oli hauskaa.

Sisiliassa nuohosin vessoja ja yritin saada isäntäväkeä menemään kanssani lasilliselle tai syömään lupaamalla tarjota, mutten onnistunut. Kroatiassa sain opettaa taijia ja kokemus oli muutoinkin aivan erilainen, sain hyvän kontaktin paikallisiin. Viihdyin hyvin ihmisten kanssa, luonto on yhtä kaunista kuin Italiassa ja talot ja ympäristö hyvin hoidettua. Arkkitehtuuri on yllättävää, odotin vanhan Neuvostoliiton ajan harmaita rakennuksia, sitä vastoin näin kauniita omakotitaloja. Hintataso on meille todella edullinen, esimerkkinä pizza hyvässä ravintolassa noin kolme euroa.

Kotimaassa olen ollut vapaaehtoistyössä Sodankylän filmifestivaalilla ja Raahen rantajazzeilla. Midnight sun filmifestivaali on isompi näistä kahdesta ja työvoiman erikoistuminen on siellä viety pidemmälle. Minä päädyin autonkuljettajaksi. Etuoikeutenani oli kuljettaa edesmennyttä Peter von Baghia. Tutustuttuamme vähän enemmän hän pyysi kerran minua kertomaan kolmen minuutin aikana koko elämäni. Kolme minuuttia oli ajoaika hänen hotelliltaan festivaalialueelle. Hän oli sairas jo tuolloin ja minut valittiin hänen nimikkokuljettajaksi ikäni vuoksi. Oletettiin että osaisin olla hienotunteinen. Tapasin hänet vielä kerran Helsingissä, Punavuoren K-kaupassa, kassajonossa. Tunnistin hänen äänensä ja kun näin pitkän hahmon selän, tiesin että se on hän. Peter ilahtui kun kerroin että festivaalit olivat inspiroineet minua filmaamaan omia dokumenttifilmejä ja jatkamaan kirjoittamista. Hän sanoi että juuri se oli yksi syy miksi festivaalit luotiin.

Pohjanmaalla meren rannalla oleva pienoisfestivaalilla tapahtuu myös paljolti vapaaehtoistyövoiman avulla. Siellä sain olla mukana rakentamassa festivaalialuetta aivan alusta ja myöhemmin itse festivaalin alettua, olin kuljettajana yhtyeille. Tapasin muun muassa italialaisen muusikon Kekko Fornellin. Ajelutin häntä ja bändin muita jäseniä yhden päivän museoissa ja gallerioissa. Hän valokuvasi itsensä Kekkosen patsaan edessä niin että Kekkosen nimestä nen jäi hänen peittoon. Tapasin hänet pari vuotta myöhemmin Italiassa, Barissa ja keskustelin hänen kanssaan dokumenttifilmin teosta. Hanke ei ole vielä toteutunut muttei sitä ole haudattukaan. Ideana olisi filmata eri puolilla maailmaa hänen esiintymisiään ja tehdä haastatteluja. Hyvin tavanomainen formaatti siis mutta haluaisimme molemmat filmin olevan enemmän mitä useimmat musiikkifilmit ovat, yleensä idolikuvauksia ilman merkitystä tai merkityksellisyyttä ei jo uskoville faneille.

Olin yhteydessä suomalaisen insinöörin kanssa Sisiliassa, joka oli kirjoittanut tiiliskiven paksuisen teoksen kokemuksistaan vapaaehtoistyöntekijänä usean vuoden ajalta. Hän oli aloittanut Suomessa, missä työnantaja oli haukkunut hänet lyttyyn päivittäin, jopa niin että hän joutui itkeskelemään ja miettimään mikä oli mennyt niin väärin että häntä piti alistaa. Jatkossa olivat kokemukset olleet myös negatiivisia ja hän oli identifioinut eri yrittäjätyyppejä jotka käyttävät ilmaista työvoimaa hyväkseen.

Minun kokemukseni olivat häneen verrattuna vaihtelevia. Myöhemmin otin itse vastaan vapaaehtoistyöntekijöitä leirintäalueelleni. Monet olivat kokemattomia ja eivät osanneet edes tarpeeksi englantia, joka oli minimivaatimus, eivätkä soveltuneet muutenkaan paikkaan jossa olisi pitänyt pystyä omatoimiseen työskentelyyn. Ehkä syy oli myös minussa, työtehtävien ja muitten ehtojen määrittelyssä, ja varsinkin omissa vaatimuksista työntekijöiden suhteen. Joillekin vapaaehtoistyö näyttää kuitenkin olevan mahdollisuus pitkään kesälomaan. Toisaalta yksi työntekijä pystyi kommunikoimaan suomeksi vain muutaman viikon jälkeen ja muutoinkin hän oli avulias, itsenäinen eikä pelännyt yrittää tehdä hänelle uusia asioita. Riippumatta kummalla puolella toimii, työntekijänä tai työnantajana kannattaa tehdä sopimus viikon koeajasta. Kuukausi on pitkä aika sekä työntekijälle että työnantajalle jos kemiat eivät kohtaa. Parhaimmillaan voivat molemmat osapuolet oppia paljon ja tulla ystäviksi eliniäksi. On olemassa esimerkkejä, jossa viikon sovittu vapaaehtoistyö on jatkunut vuoden ja muuttunut ystävyydeksi. Varovaisuutta kannattaa kuitenkin noudattaa puolin ja toisin. Hyvä suunnittelu ja hyvissä ajoin molemminpuolinen tutustuminen kannattaa myös. Jos kävisi niin ettei aikaa tai kiinnostusta toiselta osapuolelta tutustumiseen löydy en usko että sellaiseen paikkaan kannattaa lähteä. Omia motiiveja ja odotuksia kannattaa myös pohtia, kysymys on oikeasti työnteosta, ei lomasta. Olen sen verran idealisti että jaksan aina uskoa että tällaiset yritykset voivat parhaimmillaan olla tosi hienoja kokemuksia.

Sohva surffaajat

Organisaatio Coach surfers perustettiin toisen maailmansodan jälkeen edistämään rauhan aatetta eri kansallisuuksien parissa. Se toimii nimensä mukaisesti niin että rekisteröitymisen jälkeen voi kysellä ilmaista yöpymistä yhdeksi, kahdeksi yöksi kenen luona tahansa. Jotkut tyytyvät vain esittelemään omaa kaupunkiaan mikä on jo sinänsä tosi hieno tapa saada paljon informaatiota tavallinen turisti ei saa. Minä sain tavata organisaation jäseniä Firenzessä ja sain paljon käytännön neuvoja ja mukavaa seuraa koko illaksi. Irlannissa yövyin kerran toisen organisaatiossa olevan henkilön luona. Kukaan ei koskaan vieraillut kotonani mikä oli ikävää mutta johtui varmasti osaltaan maamme sijainnista ja siitä, että olin listoilla yksinasuvana miehenä. Uskoisin että nuoremmat ihmiset voivat hyötyä jäsenyydestä enemmän, kuten myös pariskunnat. Kannatettava ajatus kaiken kaikkiaan vaikkei toiminutkaan kohdallani kuten olin toivonut. Asunnon vaihto on toinen mahdollisuus ja en ole koskaan kuullut mitään kauhutarinoita vaan päinvastoin positiivisia kokemuksia. Se on yksi mahdollisuus päästä keskelle aitoa ympäristöä, varsinkin jos on kiinnostunut asumaan maaseudulla. Luonnollisesti jotkut ovat etulyöntiasemassa tässä yhteydessä, Pariisin, Lontoon ja Rooman sohvat ja asunnot ovat varmasti menossa koko ajan halutessa ja niillä saa varmasti vaihdossa mielenkiintoisia asuntoja lainaan. Kannattaa tosin yrittää, varsinkin kun ajattelee moderneja humanisteja.

Kiina syndrooma

Yhdellä entisellä hyvällä oppilaallani on oma Kung Fu seura ja kun harjoittelimme yhdessä saimme idean kokeilla seuraavaa. Hän opettelisi minulta taijin suoran miekan muodon ja kilpailisi minun oppilaanani ja minä puolestaan opettelisin hänen ns käsimuodoistaan yhden helpohkon muodon (liikesarja jossa yksin liikutaan ja suoritetaan lyöntejä ja potkuja jne.) jolla lähtisin hänen kanssaan Kiinaan kilpailemaan. En muista mistä moisen idean kehitimme mutta muistan että pohdin kauan oliko oikein matkustaa maahan jossa ei kunnioiteta ihmisoikeuksia. Lähdimme matkaan ja tavanomaisine myöhästymisineen tulimme hotelliimme kahdeksan tuntia myöhässä. Aamulla harjoittelimme puistossa ja se olikin matkan ehdottomasti paras anti. Puisto oli täynnä kiinalaisia jotka voimistelivat, pelasivat sulkapalloa, kaikki olivat liikkeessä mutta vain me harjoitimme kiinalaisia lajeja.

Aivan alkupäivinä ohjelmaan kuului käynti Shaolinin luostarissa jossa ns kovien kung fu lajien uskotaan syntyneen. Emme uskoneet silmiämme, noin seitsemän miljoonan ihmisen kaupunki oli suljettu meitä kilpailijoita varten. Poliisit olivat sulkeneet kaikki kadut niin että meillä oli etuoikeus ajaa läpi koko kaupungin pysähtymättä. Osallistujia oli 63 eri maasta joten muodostimme aikamoisen letkan. Perillä vessat olivat alimitoitettuja, meille miehille asia ei ollut ongelma mutta naisille kyllä. Vuoren rinnettä johtava tie oli täynnä lapsia traditionaalisissa treenivaaatteissa, istumassa lotus asennossa. Oppilaani Mattias kertoi minulle että monet lapsista olivat itkeneet tuskasta koska he olivat joutuneet istumaan liikkumatta niin kauan. Kun kunniaksemme järjestetty show oli ohi ja seuraavana päivänä paikalla oli myös Kiinan televisio aloimme ymmärtää yskän. Kiinan olympia komitea oli myös paikalla ja kilpailua tultaisiin käyttämään Kiinan pyrkimyksissä saada Wushu olympialajiksi.

Meille oli määrätty oma opas, nuori yliopistossa englantia opiskeleva tyttö. Kun kysyin Kiinan saasteongelmasta opas sanoi ettei hän tunne sanaa saaste. Kun kerroin hänelle että se on se aine joka estää meitä näkemästä aurinkoa, silläkin hetkellä saman ilmiön pystyi toteamaan katsomalla taivaalle kun puhuimme siitä. Ryhmän muut jäsenet pyysivät minua lopettamaan koska ilmeisesti oppaamme ei saanut puhua asiasta. Minä en vain tajunnut tilannetta heti.

 Kilpailut ja erilaiset juhlatilaisuudet jatkuivat koko ajan ja siinä välissä kiertoajelut maaseudulle ja museoihin. Koko vierailumme huipentui iltajuhliin jossa myös olympiakomitean jäsenet olivat mukana. He olivat kaikki vanhoja miehiä mutta tarjoilijat ja myös kilpailussa toimitsijat ja palkintojen jakajat olivat pitkäsäärisiä, kauniita ja nuoria naisia. Tuntuu vieläkin, monen vuoden jälkeen, pahalta olla epälojaali niin vieraanvaraisia isäntiä kohtaan mutta ymmärsimme että olimme vain yksi väline millä Kiina varmisteli lajin hyväksymistä olympialaisiin.

Muistan aina kuinka kiinalaisen vastuuhenkilön kasvot muuttuivat kun katselin häntä loittonevan bussimme takaikkunasta. Nainen oli näyttänyt vihaiselta ja happamalta ja nyt näin että hän oli miellyttävän näköinen kun hän oli suoriutunut tehtävästään. Pahinta mitä oli sattunut hänen hotellissaan oli ollut kun meidän pohjoismaiden ryhmästä osa halusi mennä ostamaan parranajo tarvikkeita ja muita hygienia tuotteita torilta ja osa halusi jäädä hotelliin. Meillä oli vain yksi opas ja hän panikoi. Pojat järjestivät asian siten että he sanoivat että taksikuskille voisi antaa ohjeet odottaa heitä kaupan ulkopuolella, näin mitään sooloilua ei pääsisi tapahtumaan ja viranomaisilla olisi täysi kontrolli missä kaikki sijaitsivat koko ajan. Jälkiviisaus on sitä parasta viisautta ja näin jälkikäteen ajateltuna Kiinan matkan olisi voinut jättää väliin mutta lähtiessämme emme tienneet mihin oikein ryhdyimme.

Matkanteko elokuvissa

Lukemattomat ovat ne road movies joita on tehty mutta yksi on ylitse muiden. Mika Kaurismäen Arvottomat (1982), mukana the one and only Matti Pellonpää. Näin arvottomat ensimmäistä kertaa ulkomailla aivan sattumalta ja kiinnostuin oitis. Se on vieläkin suosikkini vaikka totta kai hyviä maantie filmejä on kosolti. Matti Pellonpään elämänkerran kirjoittanut Lauri Timonen kertoo kirjassaan kuinka hän lapsena katsoi arvottomat joka viikonloppu isänsä kanssa, kun hän oli isänsä luona, vanhempien eron jälkeen. Mika Kaurimäen tuotantoa on myös Rosso joka on saman genren elokuvia mutta filmi on ehkä tunnetuin yhteislaulusta autossa. Molemmat Peter von Baghin sanoilla, elämää suurempia filmejä.

Thelma ja Louise on yksi onnistuneimmista filmeistä tässä lajissa. Muuten genressä ei usein onnistuta kuten ei myöskään musiikkifilmeissä. Luotetaan liikaa formaattiin, täytetään normi mutta unohdetaan se tärkein, sisältö.

Yksi ehdoton suositus minulla on tässä kirjassa. Elokuva tai elokuvia kannattaa katsoa ainakin kerran elämässään entisen elokuva-arkiston hienoissa tiloissa Orionissa, Helsingissä, Eerikinkadulla. Jo itse rakennus on vierailun arvoinen ja lisäksi siellä näytetään laatufilmejä puoleen hintaan verrattuna normaaleihin lipunhintoihin. Filmin jälkeen voi pistäytyä halvalla oluella viereisessä kahden pöydän kokoisessa Bar 17 tai mennä seuraavassa korttelissa olevaan Coronaan jonka Kaurismäen veljekset perustivat.

Vuonna 2015 sain asua vastapäätä Orionia ja kävin työkiireistä huolimatta ainakin kaksi kertaa viikossa elokuvissa, tosin muutaman kerran nukahdin kun menin suoraan töistä elokuviin. Vapaapäivinä katsoin jopa kolme elokuvaa peräjälkeen. En tiedä mitään parempaa tapaa matkustaa kuin elokuvateatterissa. Minusta siinä on vieläkin jotain maagista että voin mukavasti nojautua taaksepäin pehmeällä istuimella, pimeydessä muitten kanssa ja lähteä matkalle. Onneksi tästä matkustustavasta voi nauttia isomman matkan loppuun saakka.

Matkustelu harrasteen parissa

Olen matkustellut kamppailulajien parissa opettamassa, kilpailemassa ja toiminut tuomarina. Suurin osa matkoista, ajallisesti ainakin, on tapahtunut opettelun merkeissä. Kahden päivän seminaareista yhdeksän kuukauden mittaisiin jaksoihin.

Irlannissa, Kilkennyssä olen ollut harjoittelemassa kuukausia pariinkiin otteeseen. Ensimmäisellä kerralla 2004 harjoittelin 6-7 tuntia viitenä päivänä viikossa ja kävelin harjoituksiin joten kävelyäkin tuli ainakin kaksi tuntia päivässä. Hienoimmaksi muistoksi jäi aamut Kilkennyn linnan puistossa jossa lämpötila oli ihan sopiva tammikuussa, tasainen kahdeksan plus astetta. Aamuisin minulla oli yksityisopetusta ja illat menivät ryhmien kanssa. Puolitoista tuntia yhden ryhmän kanssa, t-paidan vaihto, kuivaan, puhtaaseen sellaiseen ja toiset puolitoistatuntiset ja sitten vielä kolmas. En nähnyt paljoa Irlannista ensimmäisellä kerralla mutta toisella käynti kerralla vuokrasin auton ja ajelin ympäri Irlantia vapaapäivinäni. Näitä matkoja varten jouduin myymään autoni ja asunnonkin. Kuulostaa aika älyttömältä touhulta. Se oli minun valintani, aivan kuten eräs journalisti totesi että ihmiset valittavat siitä että hän on investoinut omaisuuden viineihin. Hän kertoi voivansa ajatella myyvänsä koko varaston mutta haluaisi vain ostaa viiniä rahoilla mitkä hän saisi myynnistä. Pisin yhtäjaksoinen aika minkä olen panostanut harjoitteluun on yhdeksän kuukautta. Minun piti lähteä Californiaan, Los Angelesiin mutta kun huomasin että saman lajin opettaja löytyy Oulusta muutin sinne. Suunnitellut rentoutumiset rannalla harjoittelun lomassa eivät siis toteutuneet. Uskoisin että se aika on takanapäin, en jaksa enää viikkoa kauempaa harjoitella yhtäjaksoisesti, tai en ole valmis uhraamaan tarvittavaa aikaa ja rahaa. Se mikä asiassa vieläkin kiehtoo on että arkielämän murheet laskuineen ovat väliaikaisesti poissa, tosin ylirasittuminen, vammat ja monotoonisuus on sitten tilalla. Nuoremmankin ihmisen on pakko levätä vapaa-ajalla kun rasitus on niin suuri. Eräs kilpanyrkkeilijä kertoi minulle että hänen kaverinsa luulevat ettei hän lähde iltaisin kaljalle siksi että pelkää sen vaikuttavan vahingollisesti kuntoon. Hänen mukaan väsymys on syynä. Kovien treenien jälkeen TV sohva houkuttelee enemmän kuin kapakka.

Matkustelu töissä

Minulla on ollut etuoikeus opettaa lajejani ympäri Eurooppaa ja kokemukset olivat yksinomaan positiivisia. Matkustin usein torstaina keskellä päivää reittikoneilla, jolloin tilaa löytyi lentokoneessa. Melkein aina löytyi paikkoja, joissa oli vieressä vapaita istuimia joten pääsin levittämään mukaani ottamat sanomalehdet ja kirjat viereeni ja aloitin lukemisen. Usein olin vielä keskittynyt lukemiseen kun kone laskeutui. Kentällä minua odotti henkilö, joka haki minut ja ajoi suoraan hotelliin. Joskus olo oli kuin rocktähdellä, pystyin rentoutumaan kun asioistani huolehdittiin. Olin myös rauhallinen vaihtolentoja odottaessa, koska järkeilin niin että niin kauan kuin hoidan oman osuuteni, olen siis oikeassa paikassa oikeaan aikaan niin minä en voi myöhästymisille mitään. Näinhän on myös yksityisesti matkustaessa mutta sillä erotuksella että myöhästymiset lyhentävät oleskelua lomakohteessa.

Sain myös valita mieleiseni hotellin. Suurien betoni- ja lasihirviöiden sijaan yövyin mieluimmin vähemmän tähtiä saaneissa paikoissa. Sveitsissä oli motelli, jonka isäntäpariskunta pelasi mielellään korttia ystäviensä kanssa vastaanoton viereisessä baarissa. Kun tulin hakemaan avaintani tai tilaamaan jotain vaikutti siltä että häiritsin kortinpeluuta ja viinin juomista ja polttelua. Näytti kerrankin siltä että isäntä vääntäytyi istuimeltaan melkein mielenosoituksellisen hitaasti ja vaivalloisesti palvelemaan minua. Se tuntui kumminkin aidommalta kuin Yes sir, thank you sir kylmän hymyn kanssa. Sainhan siitä myös tarinan.

Minut tilaisuuteen kutsuneet henkilöt pystyivät kertomaan tarinoita paikkakunnasta ja sen ihmisistä ja tavoista ja totta kai pääsin heidän mukanaan parhaisiin, ei kalleimpiin, ravintoloihin joita en itse olisi löytänyt.

Nythän monien matkustelu töissä on todella raskasta ja jokainen minuutti on varattu, kuten ravintoloitsija joka kertoi kahdesta viikosta jonka hän viettää joka vuosi Ranskassa. Hän kiertää viinitiloja ja ostaa viinejä. Hänen ystävät ja tutut ovat kateellisia viininmaistelusta ja matkustamisesta töissä mutta hänen mukaansa kysymyksessä ovat koko vuoden rankimmat työviikot.

Minut puolestaan kutsuttiin yleensä isoihin tapahtumiin, joissa oli muitakin opettajia joten olin vastuussa yleensä vain noin kaksi kertaa puolitoista tuntia per päivä. Silloin kun olin yksin vastuussa koko päivän vetämisestä, iltaisin ei juuri energiaa ollut tutustua paikkakuntaan .

Minulla ei ollut aikaa jäädä työmatkoilla ylimääräisiksi päiviksi omalla kustannuksella, se vaikuttaa todella hyvältä tavalta saada nähdä muutakin kuin konferenssipaikka ja hotelli, niille onnellisille joille mahdollisuus on suotu.

Björn Borg alkoi matkustelemaan aktiiviuran loputtua. Hän kiersi samoja paikkoja, joissa oli kilpaillut ja tutustui niihin. Uransa aikana hän näki vain hotellin ja kilpailuhallin tai kentät.

Mielenkiintoista työmatkustelussa on se että ihmisten tapaamista pidetään yhä niin tärkeänä. Videokonferenssit

ja muu viestintä ei ole johtanutkaan matkustamisen
vähenemiseen siinä määrin mitä ennustettiin.

Työnteko matkalla, yksi luovuuden edistäjä

Kirjoittavalle ihmiselle työnteko matkustaessa ja
matkakohteessa on mahdollista ja usein myös
keskittyminen on helpompaa kuin kotioloissa. Arjen vaateet
eivät ole koko ajan läsnä ja jääkaapilla pistäytyminen ei
lentotuolista onnistu, ei myöskään hätätapauksissa
kotioloissa käytetty paikkojen järjestely ja siivoaminen.
Parhaimmat ideani olen saanut junissa, lentokoneissa,
yleensäkin matkalla ollessa. Kirjoitan tai oikeastaan
suunnittelen tulevaa kirjoittamistani usein vain
ajatuksissani ilman kannettavaa tietokonetta tai muuta
välinettä. Itse kirjoittaminen sujuu sitten nopeasti kun asiat
on ajateltu valmiiksi.

Kolmivuotinen projektin johtajuus huipentui kirjaan työstä
keskittymishäiriöistä kärsivien kanssa. Istuin junassa ja sain
idean kuinka selittää ja selvittää ongelmakenttää ihmisille
jotka eivät sitä tunne. Kirjoitin siitä kuinka vaativa tehtävä
junassa kirjoittaminen on oikeastaan ja miksi se on vaikeaa
tai mahdotonta keskittymishäiriöistä kärsiville. Junassa
kirjoittavan täytyy pystyä keskittymään kirjoittamiseen ja
samaan aikaan muistaa jäädä pois oikealla asemalla,
olemalla siis osaksi tietoinen ulkopuolella tapahtuvista
asioista. Lapsiperheen riidat täytyy myös pystyä sulkemaan
pois niin kuin myös keski-ikäisen, vähän humalaisen miehen
kovaääninen puhe. Sisältä kumpuavat halut ja tarpeet pitää

myös pystyä käsittelemään, halu mennä kahville ja liikkumisen tarve täytyy tilapäisesti torjua. Omien tavaroitten kontrollointi on myös tarpeen. Kaikki tämä vaatii aivoilta aikamoista suoritusta vaikka monet suoriutuvat siitä aivan kuin luonnostaan, keskittymishäiriöisille yksi häiriömomentti on jo liikaa.

Niin sanotuille normaaleille ihmisille matkustustilanne sopii kumminkin työskentelyyn. Odottaessani Tampereella junaa aikaisin aamulla vastapäiselle raiteelle tuli juna länsirannikolta menossa Helsinkiin. Näin vain keski-ikäisiä miehiä läppärit edessään päät kumarassa, uskoisin että suurin osa teki töitään tai valmisteli työpäiväänsä. Sittenhän kun olemme liian stressaantuneita voimme saada tuntumaa keskittymishäiriöistä. Moni tunnistaa itsensä ja käyttäytymisensä kun työ ja muut paineet kasvavat liian suuriksi. Olemme tekevinämme paljon mutta emme jaksa keskittyä ja emme saa mitään aikaiseksi. Tämä on arkipäivää osalle väestöstä.

Taiteilijat ja kirjailijat ovat kautta aikojen hakeutuneet ulkomaille työskentelemään ja se toimii vieläkin. Poikkeuksiakin löytyy. Olin menossa Mallorcalle kirjoittamaan kirjaani viikoksi ja olin vakuuttunut siitä että asuisin kaupungissa ja voisin vaellella kaupungin katuja ja istua kahviloissa kirjoittamassa kun seinät alkaisivat kaatua päälle hotellihuoneessa tai kirjastossa. Olin käsittänyt väärin tekemäni matkatilauksen ja jouduinkin turistihelvettiin saaren pohjoisosaan. Hotelli hotellin vieressä ja en löytänyt yhtään viihtyisää kahvilaa. En kirjoittanut riviäkään siinä miljöössä, en myöskään onnistunut pitämään hauskaa. Hauskinta oli kun sain lähteä kotiin viikon päästä.

Apurahat voivat olla yksi tapa rahoittaa ulkomailla tapahtuva työnteko. Yksi luovan kirjoituksen opettajani matkustelee vielä yli 70 vuotiaana naisena kotimaassa ja ulkomailla taiteilijoille rakennettuihin paikkoihin. Hän kirjoittaa hakemus hakemuksen jälkeen ja vaikka hän oikeastaan elää toimeentulominimin alapuolella on hän matkoilla suurimman osan vuotta.

Turistina omalla kotipaikkakunnalla

Matkoilla utelias ja kiinnostunut asenne matkakohteeseen on aika luonnollien olotila, onhan melkein kaikki mitä näemme ja kuulemme erilaista mihin olemme tottuneet. Jos tiedonhalu ei ole riittävä motiivi, niin halu hallita ja hyödyntää ympäristöämme on ehkä sitten se joka saa meidät ottamaan selvää asioista.

Mitäpä jos suhtautuisimme omaan kotipaikkakuntaamme yhtä kiinnostuneesti? Kaupungeissa asuville voisi olla mielenkiintoista ottaa selville oman kaupunginosansa historiaa ja tietysti käydä tutustumassa mahdollisiin museoihin, näyttelyihin jne. edellyttäen että niitä löytyy. Kun asuin Helsingin Punavuoressa ja valokuvasin ympäristöäni, oli todella jännittävää fantasioida siitä, miltä meno näytti aikaisemmin samassa kaupunginosassa. Hipstereiden, muiden nuorten menestyvien ihmisten ja sushi ravintoloiden sekä kahviloiden sijaan puukko heilui herkästi kortteleissa, jotka näyttävät nykyään kuin mikä muu, eurooppalainen vanha kulttuurikaupunki tahansa.

Olenko nähnyt oman kaupunkini turistikohteet? Miten on museoiden laita? Kouluaikoina tehty vierailu museossa olisi ehkä aika uusia? Järjestetäänkö kotikaupungissa kaupunkikävelyitä? Yllätyin todella myönteisesti kun aivan sattumalta päätin kokeilla kaupunkikävelyä. Vetäjänä oli persoonallisuus, joka sai historian elämään silmieni edessä kun katselin vanhoja rakennuksia. Pystyin näkemään historiallisten henkilöiden hoippuvan ulos salakapakoista ja mikä kiinnostaakaan enemmän ihmisiä kuin tarinat ihmisten heikkouksista ja virheistä, varsinkin jos he ovat olleet kuuluisia?

Kaikkien kotiseudulla on mielenkiintoista historiaa ja tapahtumia. Paljoon voi osallistua myös maksutta varsinkin suuremmissa kaupungeissa mutta se vaatii jonkin verran viitseliäisyyttä. Olin aikoinaan menossa ilmaisiin teatterin esinäytäntöihin mutta tietämättäni menin aivan eri teatteriin ja katsoin kenraalinharjoituksia, nekin olivat ilmaiset.

Kaupungin kaduilla vaeltaminen on täysin ilmaista lystiä ja kuntokin kohenee. Mahdollisuuksia kokeilla liikuntaa ilmaiseksi on aika usein ja galleriat ovat aina ilmaisia, niihin voi pistäytyä kaupunkivaelluksilla. Mahdollisuuksia on liikaakin, varsinkin pääkaupunkiseudulla voi osallistua ilmaisiin luentoihin eri aiheista, ja kirjastoissa on kirjailijoiden pitämiä tilaisuuksia.

Kaikkea tätä löytyy pienemmässä mittakaavassa myös haja-asutusalueilla. On aivan liian helppo todeta ettei meidän paikkakunnalla tapahdu mitään. Ajoin joku sunnuntai autoa koko päivän kun Jake Nyman esitteli kappaleen, jossa valitettiin ettei mitään koskaan tapahtunut. Sanat olivat ironiset ja sanoma oli se että silmät pitää avata näkemään, joka puolella tapahtuu paljon asioita jos ne haluaa nähdä.

Harmittaa vieläkin etten saanut yhtyeen tai kappaleen nimeä muistiin. Totuuden nimessä tulee mieleeni muisto nuoruusvuosilta kun kävelin kaverini kanssa pikkukaupungissa ja valittelimme tylsyyttä ja suunnittelimme auton alle jäämistä tahallaan, niin että jotain tapahtuisi ja saisimme nimemme lehteen ainakin yhden kerran elämässämme, kylläkin viimeisen kerran. No, se oli vitsi ja heijasteli ehkä enemmän nuoruuden kaipuuta toimintaan ja seikkailuun. Jokaisella paikkakunnalla on oma historiansa ja jos sitä ei tunne perinpohjaisesti kannattaa tutustua.

Olin opiskeluaikanani kesätöissä satamassa. Yksi vanha työntekijä oli kiinnostunut alueensa ja sataman historiasta ja kertoili tarinoita vanhoista ajoista. Hän lähetti meidät aikamatkalle menneisyyteen ja sain perspektiiviä hyvin palkattuun mutta yksitoikkoiseen ja ajoin vaaralliseenkin kesätyöhöni. Olin töissä ryhmässä, joista monet harrastivat salilla käyntiä, mikä oli tuolloin aika harvinaista. Eivät edes huippu-urheilijat treenanneet voimaa sanottavammin elleivät olleet voimailijoita. Meidän nuoruuden ja voiman tuntoa hämmensi aika lailla kun saimme tietää että satamassa naiset olivat tehneet raskaimmat työt ennen koneiden aikakautta.

Haluttomuutemme olla turisteja ja sekalaisia huomioita

Anna-Stina Nykänen kirjoitti Hesarissa 21.1.2016 mielenkiintoisen artikkelin matkustamisesta, jossa mainitaan mm haluttomuutemme olla turisteja. Ennen kuin siteeraan häntä suoraan haluaisin vain todeta että kaikilla ei ole edellytyksiä tälle haluttomuudelle, allekirjoittanuttakin tämä haluttomuus vaivaa vaikka turisteja olemme kaikki tyynni, halusimme tai emme.

"Monet ovat aina menossa: lomilla, opintomatkoilla, työmatkoilla. Eivät turisteina, se on ruma sana. He ovat Tansaniassa auttamassa, Milanossa sivistymässä, Pariisissa sukuloimassa tai ihan vain vetäytyvät tekemään tutkielmaa Thaikkuihin. Töihin palattuaan he huokailevat, että tarttis päästä johonkin. Retkiä Berliiniin ja Tukholmaan ei edes lasketa matkoiksi".

Mielenkiintoiseksi tällaisen keikailun tekee se että Berliinissä asuvat saksalaiset ovat alkaneet nähdä siellä asuvat ulkomaalaiset ongelmana vaikka ulkomaalaiset ovat pääsääntöisesti luovia, lahjakkaita, usein taiteellisia yksilöitä, varakkaitakin, jotka oikeastaan tekevät osaltaan kaupungista sen mitä se on, jännittävän, dynaamisen paikan. Maailmanmatkaaja Ernest Hemingway antoi mielellään itsestään kuvan kirjoissaan että hänellä oli hyvät, jopa henkilökohtaiset suhteet ravintoloiden omistajiin, tarjoilijoihin ja muuhun paikallisväestöön. Tosiasiassa Gertrude Steinin suojelukseen kuuluneet taiteilijat ja kirjailijat Picassosta lähtien, elivät aika eristyksissä pariisilaisista, ylipäätään ranskalaisista. He muodostivat oman yhteisönsä.

Fiktiossa kirjailijalla on vapaus sepittää oman mielensä mukaan. On olemassa kirjailijoita jotka käyvät laskemassa yliopiston kirjaston portaat antaakseen fiktiolle uskottavuutta, se palvelee enemmän kirjailijaa itseään kuin lukijaa. Kaikki kumminkin sorrumme kerskailuun matkoistamme. Amerikkalaisten sanonta pelkistää sen: been there, seen it, done that. Joskus myös oma todellisuus eroaa toisten todellisuudesta niin paljon että toisen normaali elämänpiiri vaikuttaa kehumiselta. Tässä yhteydessä on mielenkiintoista se että mitä kauempaa on asunut ulkomailla, sitä vähemmän siitä maasta on kerrottavaa. Lyhyemmillä matkoilla aistit ovat avoimia uusille vaikutteille, nyansseille ja eroille, asuttaessa pitemmän aikaa ulkomailla olotila muuttuu normaaliksi arkielämäksi josta ei välttämättä ole jutun aiheeksi.

Sen sijaan että matkat saisivat meidät käyttäytymään tärkeilevästi päinvastainenkin voi tapahtua. Ruotsin Hemavanin turistikeskuksessa työskennellyt matkailun ammattilainen kertoi kuinka helsinkiläiset liikemiehet olivat tulleet perheineen laskettelemaan lähelle Norjan rajaa pieneen kylään. He olivat puhuneet kännyköihinsä ja olleet kireitä, vaatineet hyvää palvelua. Parin päivän jälkeen samat miehet juttelivat leppoisasti ja kireys oli kuin poispyyhkäisty. Laskettelukeskus otti myös opiksi heidän alkuvaatimuksistaan, he pystyivät parantamaan palvelunsa tasoa kehittämällä niitä palveluja, joita kysyttiin. Suomalaisten tekemät matkat melkein loppuivat Ruotsin Hemavaniin kun taxfree-myynti loppui Vaasan ja Uumajan välisellä lautalla. Näin halpa alkoholi vaikutti myös tämäntyyppiseen matkailuun. Kohteenahan se oli lähempänä kuin Suomen Lappi ja korkeuserot aivan eri luokkaa kuin Lapissa, laivamatkakaan ei varmasti myöskään ollut aivan väärin, tosin laivojen palvelu ja muu taso laski myös tax freen loputtua.

Valamon luostarissa opettaessani kuulin psykologeille järjestetystä konferenssista. Norjalaisten ryhmä psykologeja kyseli tullessaan missä yökerhot ovat. He olivat kuitenkin levänneitä ja tyytyväisiä lähtiessään. Virallisen ohjelman lisäksi he olivat saanet saunoa rantasaunassa ja paistaa makkaraa ja juoda olutta, tämä ilmeisesti riitti yöelämään tottuneille konferenssivieraille.

Matkustaminen työpaikalla; kokemuksia leirintäalueelta

Ei ole aina välttämätöntä matkustaa itse saadakseen tuulahduksen ja tunteen liikkeestä. Olin yrittäjänä vetämässä Suomen kauneinta leirintäaluetta, Pyhäjoen Kielosaarta. Kyllä, kysymyksessä oli juuri SE Pyhäjoki, jonne aiotaan rakentaa ydinvoimala. Ydinvoimalan ollako vai eikö olla ei ollut paikkakunnalla aivan helppo kysymys ratkaistavaksi, vaan se jakoi ihmiset eri leireihin ja oli oikeastaan aika kipeä ja kiperä pulma mahdollisuuksista huolimatta. Asian arkaluonteisuus ei välttämättä liittynyt ainoastaan ydinvoimalan turvallisuuteen ja muihin suuriin kysymyksiin vaan usein korvauskysymyksiin, esimerkiksi lunastetuista maa-alueista ja muista korvausasioista.

Tavallaan se oli historian liikkeen keskellä matkaamista. Yksi maamme suurimmista rakennusprojekteista ja kiistakysymyksistä, muitakin määritelmiä voisi hyvällä syyllä antaa, tapahtui kirjaimellisesti ympärilläni. Monen alan erikoisasiantuntijat kävivät tekemässä mittauksiaan paikkakunnilla ja lähtivät jälleen mutta poikkesivat luonani kahvilla tai yöpymässä. Kunnan korkein johto ja rakennuttajat pitivät tilaisuuksia alueellani ja kestitsin heitä. Eri alan rakentajia yöpyi leirintäalueellani vaikkei itse rakentaminen ollut alkanutkaan. Tuulivoimaloiden pystyttäjät olivat kyllä enemmistönä yöpyjistä mutta se oli aivan käytännöllinen asia, tuulivoimaloiden rakentaminen oli täydessä vauhdissa, ydinvoimalan ei ollut. Asiakkaina oli myös ydinvoiman vastustajia mutta tapaamani pitivät kyllä matalaa profiilia.

Aikamoisia tarinoita sai kuulla puolesta ja vastaan, myös miten asiat olivat kehittyneet muilla paikkakunnilla, joissa ydinvoimaloita oli rakennettu. Maailma ikään kuin tuli luokseni. Tämä koski yhtä paljon tavallisia matkalaisia. Aamu saattoi alkaa vierailijoiden saapumisella Norjasta saakka ja sain sääraportin koko matkalta Norjasta Pyhäjoelle, samaten tieliikennetiedotteen. Lomalaiset olivat hyviä ja mukavia asiakkaita. Asioiden ruuhkautuessa kuuli usein asiakkaiden kommentin, olemme kesälomalla ja meillä ei ole mitään kiirettä. Jäin usein turinoimaan asiakkaiden kanssa kaikesta mahdollisesta. Se oli mukavaa, jännittävää ja opettavaistakin parhaimmillaan, ja mikä parasta; paljon mukavampaa kuin roskatynnyrien tyhjentäminen ja leirintämökkien siivous.

Asiakkaita tuli melkein kaikista Euroopan maista ja yksi vieras USA:sta, joka asui alueella kuukauden joka kesä. Etelä-Amerikkakin oli edustettuna moottoripyörällä maailmaa kiertäneen miehen toimesta. Kaukokaipuuta ei tarvinnut siis potea ja siitä huolehti kyllä työmääräkin.

Asumisesta ulkomailla ja maahan muuttajista

Ulkomaan kirjeenvaihtajia ja omasta oleskelustaan ulkomailla kirjoittavia lukuun ottamatta asumisesta ulkomailla tulee nopeasti arkipäivää. Omakohtaisesti olen todennut moneen otteeseen kuinka yllättävän nopeasti olen sopeutunut uuteen ympäristöön ja uusiin normeihin. Ilmeisimpiä ja suurimpia eroavaisuuksia tosin ei voi sivuuttaa. Suomessa syntyneenä on vaikea ymmärtää ja unohtaa Sveitsin vanhoillinen naiskäsitys. Naisten odotetaan olevan kotiäitejä ja lapset käyvät kotona syömässä lounasta koulupäivinä. Islannissa haisee pierulta lämmitys polttoaineesta johtuen jne.

Osa sopeutumisesta on harmitonta. Italiassa ei juoda illalla cappuccinoa tai lattea, varsinkaan ei ruoan jälkeen. Sillähän ei ole mielestäni mitään väliä juoko vai ei jos mieli tekee mutta kumman helposti sitä mukautuu. Viikon treenileirillä huipentui 2013 yhteiseen illalliseen ravintolassa. Suomalainen kaverini Ville oli mukana ensimmäistä kertaa siinä porukassa. Kerroin hänelle että hän joutuu selittämään tilaustaan, ruokailun jälkeistä cappuccinoa. Hän kummasteli asiaa ja tilasi cappuccinoa. Hän joutui selittämään tilaustaan koko kahdenkymmenen hengen porukalle illan kuluessa. En tiedä mihin sitä vertaisi Suomessa, ehkä uimahousujen käyttö miesporukassa saunassa. Mielestäni cappuccinoa saa juoda milloin tahansa. Järkevämpi sääntö on että humalassa ei saa törppäillä Italiassa jos mielii saada kutsuja sosiaalisiin tilaisuuksiin jatkossa.

Nizzassa kannattaa muistaa, jollei ole upporikas, että asunnon hankkimisessa käytetty toive lista täytyy vaihtaa päinvastaisiksi mitä yleensä toivoo. Annan tästä muutaman esimerkin, mitkä jouduin itse muuttamaan kun esittelin listani paikalliselle asunnonvälittäjälle. Parvekkeen suunta aurinkoon ei ole kuumuutta ajatellen paras vaihtoehto, vaikka asunnossa olisikin ilmastointi niin parveke on kumminkin hyödytön jos on liian kuuma istua siellä. Tietysti kaikissa toiveissa myös kukkaron paksuus on ratkaiseva. Merinäköala tuli ainakin minulle liian kalliiksi. Samoin tulee liian kalliiksi se vaatimus mikä pohjoismaalaisilla on että ravintoloihin pitäisi olla kävelymatka tai pyöräilymatka, Ranskassa mennään syömään autolla. Minä ainakin vältin Nizzassa asumista jos mahdollista kuumina kesäkuukausina, silloin siellä oli yksinkertaisesti liian lämmintä ja turisteja oli liikaa. Erityisen halveksittuja olivat paikallisten keskuudessa englantilaiset nuoret jotka lensivät paikalle kymmenellä eurolla ilman matkatavaroita ja hotellivarausta ja juhlivat isoilla porukoilla rannalla. He olivat turvassa rikollisilta koska aina joku oli hereillä. He asuivat rannalla koko oleskelunsa ajan. Poliisi sitä vastoin oli isompi ongelma heille.

Viihdyin hyvin Nizzassa, sitä on verrattu naiseen jolla on iltapuku mutta kumisaappaat jalassa. Minun elämääni ei kyllä mahtunut glamouria. Hotelli Negrescossa vierailin kerran kuuntelemassa luentoa, sen lähempänä jet setin elämää en ole ollut. Tein myös usein pitkiä kävelyretkiä rannikko alueilla joissa asui rikkaita ihmisiä, tosin muurit olivat niin korkeita ettei taloista nähnyt edes vilausta, rantamaisemat sitä vastoin olivat upeita. Aivan läheisyydessä sijaitseva Monaco on mielestäni liian steriili paikka, sopinee vain rikkaille. Opettaa siellä ruotsia yritykselle joka myy Kona pyöriä Suomessakin. Tarkoitus oli opettaa myös suomea jatkossa koska firmalla oli suomalaisia jälleenmyyjiä ja korkein johtaja Monacossa oli suomalainen. Sen sain selville kun ihmettelin miten heidän kahvikoneensa teki niin hyvää espressoa. Se oli kuulemma suomalaisen johtajan ansiota. Suomen kielen opetus jäi vain suunnitelmaksi koska päätin muuttaa takaisin pohjolaan.

Minua on naurattanut talventulo monissa Välimeren maissa. Talvi tulee kun kalenteri niin sanoo, siis määrättynä päivänä. Silloin ei enää käytetä ilmastointia virastoissa ja toimistoissa vaikka hiki valuisi kuinka. Naiset vaihtavat jalkineensa saappaihin ja ovat tyytyväisiä saadessaan vaihtelua. Minua on kummeksuttu Espanjassa kun yli 30 asteen lämmössä käytin shortseja ja T-paitaa, keskellä talvea!

Räikeimmät erot huomioimme vielä kauankin aikaa ulkomailla asumisen jälkeen, mutta arkielämä ja siihen sopeutuminen korvaa ihmettelyn. Omaksumme uudet normit, alamme siis pitää normaaleina isäntämaan normistoa, tapoja ja käytäntöjä. Niistä tulee se vertailukohde, johon peilaamme näkemäämme ja kokemaamme. Tällöin jopa oma kotimaa voi joutua suurennuslasin alle mikä varmasti on hyödyllinen kokemus.

Kiinassa asuneet ovat kertoneet että he kokivat aluksi Suomen kiinalaisin silmin. Missä ovat kaikki ihmiset? Tyhjät torit ja muut isot tyhjät yleiset tilat aiheuttivat ahdistusta, mitä oli tapahtunut, miksi ihmiset olivat paenneet? Ruotsalainen liikemies oli löytänyt japanilaiset liikemiestuttavansa hotellihuoneesta pöydän alta. Japanilaiset olivat katselleet ikkunasta Tukholman katuja sunnuntaiaamuna. He tiesivät että kaupunki oli miljoona kaupunki, mutta kadut olivat tyhjiä, ihmisiä ei näkynyt missään. Ainoa looginen johtopäätös oli maanjäristys tai ydinvaara ja heitä oli opetettu menemään suojaan vaikkapa pöydän alle.

Ulkomailla asumiseen kuuluu väistämättä kokemus siitä miltä tuntuu olla maahanmuuttaja. Otan esimerkiksi Liisa Helve-Sibajan kirjan ulkomailla asumisesta. "Ulkomaalaisten tämänhetkinen julkisuuskuva on vähintäänkin kyseenalainen, enkä todellakaan halua kuulua siihen ryhmään – mutta kuulun. Meidän mamujen on vaikea sisäistää järjestystä, me ryöstämme koruliikkeitä, teemme asuntomurtoja, aiheutamme ruuhkat, koska emme ymmärrä vuorottaista etuajo-oikeutta, vetoketjusysteemiä, täytämme junat. Ostamme isoilla palkoillamme miljoonataloja ja aiheutamme asuntomarkkinoilla järjetöntä hintojen kohoamista. Tämän lisäksi mamuja syytetään myös työpaikkojen viemisestä, maan valtaamisesta ja kaikenlaisista vaatimuksista. Kyse on Sveitsistä". Lähde, Hausfrau, kotona Sveitsissä. Lisäisin vielä että kirjailijan perhe on hyvin toimeentuleva Sveitsiläistenkin mittapuiden mukaan. Se ehkä antaa lisänsä sitaatin tulkinnalle.

Ruotsin hyvinvointi luotiin raskaalla vientiteollisuudella, jossa vaarallisimmat, likaisimmat ja raskaimmat työt tekivät ulkomaalaiset. Ruotsin yliopistojen mukaan jopa kahdeksan kymmenestä työntekijästä tämän teollisuuden palveluksessa oli ulkomaalaisia ja näistä ulkomaalaisista oli kuusi Suomesta. Ruotsalaisten itsensä mukaan suomalaiset rakensivat siis modernin Ruotsin hyvinvointivaltion, tai ainakin rahoittivat sen. Miksi siis alituinen puhe naapurimaassa ongelmista jotka liittyvät maahanmuuttajiin. Suomalaisia kyllä arvostetaan hyvinä työntekijöinä, jopa niin hyvinä etteivät ymmärtäneet tehdä töitä normaalilla vauhdilla, 1960-luvulla autotehtaissa, vaan sovitut urakka taksat menetettiin koska suomalaiset tekivät töitä tuntipalkalla urakkavauhdilla, tämä ruotsalaisen lääkärin mukaan joka työskenteli aikoinaan työnjohtajana autotehtaassa. Monen ruotsinsuomalaisen kirjailijan mukaan siirtolainen, lue suomalainen, sai tehdä kaksi kertaa enemmän töitä kuin ruotsalainen tullakseen jotenkuten hyväksytyksi kunnollisena yhteiskunnan jäsenenä.

Suomen tämän päivän keskustelussa turvapaikan hakijoista on tullut turvallisuusriski ja on täysin hyväksyttyä olla kriittinen maahanmuuttajia kohtaan. Tullessani viimeksi Helsinkiin minulle tarjoili lentoasemalla cappuccinoa aasialainen tarjoilija, vessassa siivosivat mustat naiset, lentobussia ajoi latinomies ja kun kävin korjauttamassa lohjenneen hampaani, hampaan laittoi virolainen hammaslääkäri. Miten ihmeessä pärjäisimme enää ilman maahanmuuttajiamme?

Varsinkin pakolaisten matka on se raskain mitä ajatella saattaa. Minulla on tätä kirjoittaessa 2016 valokuvanäyttely joka kiertää ympäri Suomea ja joka kuvaa pyörämatkaani Euroopan halki vuonna 2012. Minun matkani rasitukset ja vaarat eivät olleet mitään verrattuina niihin mitä nyt Euroopan läpi vaeltavat ihmiset kokevat. Heidän kokemuksiaan on vasta alettu dokumentoimaan. Heidän tarinansa on kuitenkin vielä suurilta osin kertomatta. Elämä ja matka kumminkin jatkuu koko ajan, eikä sitä ole syytäkään keskeyttää. Pakolaiset tuskin hyötyisivät siitä että lopetamme oman elämisemme.

Perspektiivinvaihdokset – matkailu avartaa

Kuluneen kliseen mukaan matkailu avartaa. Sitäkin se voi tehdä ja tekee, mutta pahimmillaan voimme myös omien stereotypioittemme lisäksi omaksua sarjan uusia stereotypioita asuessamme ja matkustaessamme ulkomailla. Olen nähnyt monen kollegani ja oppilaani omaksuvan aasialaisesta lajistaan asioita, jotka sopivat heille ja liittämällä ne muihin oppirakennelmiin, jotka heitä miellyttävät sillä hetkellä. Kaikki saavat rakentaa oman filosofisen ja muun näkötavan maailmaan, mutta kun hyvinkin kyseenalaisilla tulkinnoilla aletaan rahastamaan ja niitä tarjoillaan totuuksina onkin kysymys muusta kuin henkilökohtaisista näkemyksistä.

Parhaimmillaan näkökulmat parantavat luovuutta ja auttavat näkemään uusia ratkaisuja ongelmiin.

Stereotypiathan eivät vain ole epätosia vaan myös rajoittavat mahdollisuuksiamme luoda jotain uutta. Yritämme jäsentää maailmaamme stereotypioiden avulla mutta siinä ei voi onnistua, niin jos onnistumiseksi ei lasketa sitä että valheellisen maailmankuvaan perustuvia vääriä ratkaisuja pidetäänkin oikeina.

Parhaimmillaan matkustus todellakin avartaa mieltä ja lisää toleranssia toisinajattelevia kohtaan.

Pelkäsin lapsena Peppi Pitkätossua ja pidin häntä aivan mahdottomana hahmona. Niinhän hän onkin, mahdoton hahmo vielä aikuisenakin, mutta nyt pelonsekainen hämmennys on vaihtunut ihailuksi. Peppihän uskaltaa nähdä asiat eri tavalla kuin muut. Hän on nähnyt maailmaa ja ei usko edes pienen yhdyskunnan auktoriteetteja, opettajaa, sosiaalitätejä eikä edes poliiseja. Hän pitää näitä yhteiskunnan tukipilareita pilkkanaan. Hän luo omat sääntönsä, kouluunhan hän menee vain saadakseen kesälomaa. Hän on myös fyysisesti vahvempi kuin aikuiset.

Minua kauhistutti oletettavasti eniten se että hän asui yksin. Äiti oli kuollut ja isä mahdollisesti hengissä, seilaten maailman meriä merirosvona. Ymmärrän täysin miksi en voinut pitää hänestä ja miksi Peppi pelotti minua. Pelottaa hän varmasti vieläkin! Peppi ei vain luo omia sääntöjään vaan rikkoo kaikki normit, esimerkiksi ostamalla liikaa karkkia, pilaamalla kahvikutsut, leikkimällä ja pitämällä hauskaa. Aikuisena voisi todeta että Peppi on luova ihminen ja pystyy perspektiivien vaihtoon. Hän on myös taloudellisesti riippumaton. Hänellä on luonnollinen ja hyvä suhde kuolleeseen äitiinsä, siis aivan mahdoton hahmo.

Ainoa mikä on varmaa, on se että jos Peppi tai minä itse olisimme jääneet pieneen yhteisöömme loppuiäksemme ilman matkoja, olisimme omaksuneet kaikki ympärillämme olevat arvot ja arvostukset sekä arvioinnit täysin omiksemme – vai olisimmeko?

Peppiä voisi pitää toisena ääripäänä sillä janalla mikä edustaa matkustamisen merkitystä toleranssille. Toinen ääripää voisi olla se ruotsalaismies, joka löysi vain vikoja ja puutteellisuuksia vierailemassaan maassa. Suurin osa meistä tavallisista ihmisistä lienee kiltisti ja sopeutuvasti jossain Gaussiin käyrän keskivaiheilla.

Menestyneitä suomalaisia nuoria haastateltiin heidän opiskelijavuosistaan ja eräs heistä kertoi kuinka hänen maailmansa, kliseisestä ilmauksesta huolimatta oli kirjaimellisesti avartunut ulkomailla. Opettajia oli ollut oppilaitoksessa eri puolilta maailmaa ja se oli auttanut olemaan kriittinen ja löytämään oman ilmaustavan koska kaikilla opettajilla oli oma näkemyksensä ja yhtä oikeaa näkemystä tai tapaa tehdä asioita ei siis annettu.

Esa-Pekka Salonen on kertonut kuinka hän ja monet muut säveltäjät muusikot ovat löytäneet oman ilmauksensa Los Angelesissa ilman Euroopan kulttuurin ja sivistyksen painolastia.

Itse huomasin Ranskassa, Saksassa ja Sveitsissä opettaessani ja tavatessani kirjoja kirjoittaneita kuuluisia opettajia että hekin olivat vain ihmisiä puutteineen. Sekä inhimillisine että ammatillisine puutteineen. Meillä Suomessa on usein liian kova kunnioitus ulkomaalaisia kohtaan. Tosi asia on se, että esimerkiksi USA:ssa on taso kirjavampi monella alalla. Suomessa huonoin taso on aika korkealla, USA:ssa löytyy paljon huonompia mutta myös aivan huippuja mahtuu paljon mukaan. Onhan maassa enemmän väkeä mutta mentaliteetti on sallivampi myös sille, että kertoo muille olevansa hyvä. Suomessa pitäisi olla nöyrä, varsinkin jos menestyy. Minulle oli tärkeää huomata matkoillani näennäisesti negatiivinen asia, kollegojeni puutteet. Turha muiden kunnioitus ja omien kykyjen vähättely jäi kuvasta pois matkojen ansiosta.

Maailmannälkä

Merja Tynkkynen puhuu kirjassaan Valkoinen sohva Rivieralla maailmannälästä. "Maailmannälkä lisääntyi matkustamalla, elämännälkä haaveilemalla". Suhtauduin kirjaan ensin ennakkoluuloisesti. Itsekin Rivieralla asuneena luulin, että kirja olisi vain yksi kirja lisää menestyvien ihmisten tarinoissa joissa rahalla saa ja hevosella pääsee. Tynkkynen on tosin hyvin menestyvä mutta ennakkoluuloni joutuivat häpeään. Hän analysoi omaa kaukokaipuutaan ja oikeastaan suomii itseään rehellisyyteen. Pikku hiljaa hänelle avautuu se totuus, että hänen arjenpakonsa ja

Välimeren idealisoiminen on halua uuteen alkuun. Hän vertaa sitä siihen kun viisikymppinen mies eroaa ja menee naimisiin nuoremman naisen kanssa. Mahdollisuus aloittaa puhtaalta pöydältä, tabula rasa, kiinnostaa monia mutta on ehkä harhaa.

Marco Polon matkat

Marco Polon matkat sijoittuvat myös keskiaikaan kuten Canterburyn tarinat. Oikeastaan ne ovat paljon muuta kuin matkakertomus, varsinkin kun ajattelee niitä sen aikaisen tietämyksen valossa. Kouluttamaton Marco Polo pystyi ilman uskonnollista käsitteistöä kertomaan tuntemattomista maista, niiden geografiasta, rakennuksista, kaupankäynnistä, armeijoista ja sodista. Itse asiassa häntä ei uskottu aikalaistensa parissa. Lukumäärät ja rikkaudet ja tapahtumat vaikuttivat eurooppalaisessa mittakaavassa keksityiltä. Joidenkin tietojen mukaan Marcoa kutsuttiinkin Miljoona-Marcoksi juuri liioittelun takia. Hän innostui kertomaan joskus aikamoisia satuja, terävästä huomiokyvystään huolimatta. Syypäänä voi olla myös huono kirjoittaja, hänen tarinansa kirjattiin vankilassa toisen vangin toimesta ja kirjailijan kielitaidot eivät oletettavasti olleet parhaat mahdolliset.

Matkustaminen vaikutti paljon jännittävämmältä kauan sitten. Sitä se olikin ja paljon vaarallisempaa. Pyhiinvaellusreitit kulkivat juuri siitä syystä kaukana rannikoilta koska ne olivat vaarallisia. Pyhiinvaeltajien sauvassa oli terävä metallikärki maantierosvoja ja villejä eläimiä varten. Nykyään suurin vaara on liikenne ja vihaiset koirat jotka puolustavat omaa reviiriään. Tietty eksotiikka ja esoteerisyys on auttamatta poissa nykyaikana kun voimme etukäteen katselemassa Google Mapsilla miltä paikat näyttävät.

Muistan kun kouluaikanani muutama koulutoveri meni merille ja kuinka jännittävää oli kuulla heidän kertomuksiaan vieraista satamista ja maista. Kaikki suuret kaupungit voi nyt nähdä kotona mutta kyllähän tuntemattomia paikkoja on vielä jäljellä. Ehkä haikailen tietyn romantiikan perään. Esimerkiksi purjelaivoilla – jotka mielellään yhdistetään romantiikkaan – ei todellisuus voisi olla kauempana romantiikasta. Yksi suuri ero tosin oli se, että ennen roll off roll on -laivoja, pysähdysajat lastausta varten satamissa olivat paljon pitempiä, myös työtahti oli erilainen. Nykyään mahdollisimman pieni miehistö tekee pitkää päivää ja esimerkiksi alkoholi on täysin kielletty.

Marco Poloa lukiessa ei aina tiedä mikä on totta ja mikä ei. Hän kertoo tiibetiläisestä tavasta, jossa äidit tarjoavat tyttäriään rikkaille kauppiaille viihdykkeeksi ja kauppiaat antavat tytöille koruja, Kun tyttö menee naimisiin, on tyttö, jolla on eniten koruja halutuin, ei vain korujen takia vaan suosituimmuuden vuoksi. Avioliiton solmimisen jälkeen moista käyttäytymistä ei enää hyväksytä. Marco Polon mielestä pakanakansa on paheellista ja julmaa ja siellä ei pidetä ryöstämistä tai varastamista minään. Mikä sanoo että me olemme aina oikeassa kaikessa. Moraalihan on aika pitkälti aikansa luomus. Ei kovinkaan monta sataa vuotta ihminen, jolla ei ollut pysyvää osoitetta, oli vapaata riistaa, tappamisesta ei tullut tuomiota oikeusistuimessa. Ei myöskään mustalaismiesten tappamisesta Ruotsissa, monet pakenivat Suomeen. Ehkä siinä selitys miksi ruotsalaisten käyttämällä nimityksellä "Suomen mustalaiset" on niin huonot perusteet, melkein kaikilla ruotsalainen sukunimi. Ei siis voida puhua vanhoista hyvistä ajoista.

Marco Polon ja Canterburyn tarinoiden aikaan riskit olivat paljon suurempia. Ei se silti estä ajattelemasta että 1200- ja 1300-luvuilla oli jotain erityistä matkustaa. Oli varmasti nautinnollista kertoa jännittäviä matkakertomuksia muutaman viinilasillisen jälkeen kun tiedossa oli, ettei kukaan pystyisi ottamaan selvää kerrottujen juttujen paikkansapitävyydestä. Ehkä se ei ollut tärkeintä entisaikaankaan. Mitä amerikkalaiset sanovat tänäkin päivänä, surprise me. Kansa halusi hyvää viihdettä, siinä kaikki.

On aina helppo kertoa siitä mitä on tapahtunut koska jälkikäteen asioita voi analysoida tai miksei romantisoida. Aamiaisella luin Helsingin Sanomista visioita matkustamiseen. Hyperloop on jo suunnitteilla vakavasti Tukholman ja Turun välille. Tällä tekniikalla tavarat ja ihmiset kulkisivat Turusta Tukholmaan alle varttitunnissa, yritykset lupaavat että ensimmäiset matkustajat nousevat kapseliin jossain päin maailmaa jo neljän vuoden kuluttua. Suomenlahdelle suunnitellaan maaefektialusta Helsingin ja Tallinnan välille. Tämä tekniikka on jo olemassa ja on laivan ja lentokoneen välimuoto joka lentää muutaman metrin aaltojen yläpuolella, ektranoplan on toinen nimi alukselle. Tällaisia koneita on jo Singaporessa käytössä. Jos lentäminen kehittyy suunnitelmien mukaan, niin että lentomatkaan kuuluu pistäytyminen avaruudessa koko maapallon kaikki kolkat ovat saavutettavissa muutamassa tunnissa.

Muitten matkustamisen osa-alueiden kehitys on mielestäni kiinnostavampaa kuin itse teknologia kuinka liikumme paikasta toiseen. Se on kyllä eittämättä kiinnostavaa ja kiihottaa mielikuvitustani mutta kuinka estää matkailun ympäristöä tuhoavaa vaikutusta on tärkeämpi kysymys. Mielenkiinnolla seuraan myös kuinka kiinnostava Suomi tulee olemaan matkailulle tulevaisuudelle.

Matkan pää

Kaikki matkat loppuvat aikanaan. Kotiintulo ja sopeutuminen tavalliseen elämänmenoon vie aikansa. Sopeutuminen vie vuosi vuodelta pidemmän ajan. Muistan joskus ajatelleeni juuri matkalta palanneena, että nyt en halua pitkään, pitkään aikaan matkoille. Yhden yön levon jälkeen aloin jo suunnitella uutta matkaa. Ehkä on joskus syytäkin katsoa peruutuspeiliin, miten asiat ovat menneet, ennen kuin jatkaa matkantekoa tai elämistä yleensä.

Matkakirjan pitäminen on yksi tapa selvittää kokemuksiaan ja ajatuksiaan jo matkan aikana ja sen jälkeen. Ne ovat välttämättömiä jos haluaa muistaa paikkakuntien nimiä ja mielenkiintoisia paikkoja ja tapahtumia. En tehnyt muistiinpanoja yli kahden kuukauden vaelluksella Euroopan lävitse. Halusin olla erilainen kirjoittaja, en halunnut raportoida rakoistani, kipeistä lihaksista jne. Ottamani yli tuhat valokuvaa eivät riittäneet muistin tueksi.

Sittenhän en valokuvannut ollenkaan matkoillani, moneen kymmeneen vuoteen. Sitä en kadu enkä matkakirjojen puuttumistakaan, mutta aion jatkossa tehdä muistiinpanoja. Valokuvaaminen haittaa mielestäni asioitten kokemista matkoilla. Kamera on todellisuuden ja tapahtuminen ja itsen välissä. Pahimmillaan ammattivalokuvaaja napsii kuvia kärsivästä ihmisestä sen sijaan että auttaisi häntä. Arvostan valokuvaajia ja he tekevät tärkeää työtä muun muassa juuri kuvaamalla kärsimystä mutta pahimmillaan valokuvaaminen estää kokemisen. Joudun nykyään ottamaan kuvia matkoiltani mutta yksityisillä, omilla matkoillani en valokuvaa vieläkään. Aikaisempina vuosina treenimatkoillani odotin innolla kotiintuloa. Pääsisin kotona purkamaan uutta oppimaani materiaalia kaikessa rauhassa. Matkoilla ollessa tapahtui niin paljon ja opiskelua oli liikaakin, mutta nautin saada rauhassa tutustua kaikkeen kuin uudestaan ja omaan tahtiin aloittaa kunnon opiskelu. Nykyään suhtaudun myös muihin matkoihini samalla tavalla. Alan purkaa materiaalia, muistoja, tapahtumia, värejä pikku hiljaa kiireettä. Tuntuu siltä, että mitä pitempään matka on kestänyt sitä pidemmän ajan kestää ennen kuin edes alan katsella kuvia, muistella, analysoida tapahtumia ja kirjoittaa niistä. Luotan täysin siihen prosessiin, mikä tapahtuu tiedostamatta. Liika yrittäminen vain sotkee asioita. Asioiden täytyy antaa tapahtua omalla